£19.95

D1389758

Withdrawn

ACCESSION No. T055433

CLASS No. 746.92

Modern Fashion Illustration

Modern Fashion Illustration

F K G

Publisher: Paco Asensio

Illustrations and texts: Maite Lafuente, Javier Navarro, Juanjo Navarro

Art direction: Emma Termes Parera

Layout: Maira Purman

English translation: Elizabeth Jackson, Caroline Ryan

German translation: Ilse Auer Stief, Sabine Holz

French translation: Actur France, Céline Brandy

Dutch translation: Helena Staels, Veronique de Bolle

English copyediting: Lynda Trevitt

German copyediting: Katrin Kügler

French copyediting: Martine Joulia

Dutch copyediting: Elke Doelman

Editorial project:

maomao publications
Via Laietana, 32, 4th fl., of. 104
08003 Barcelona, Spain
Tel.: +34 93 268 80 88
Fax: +34 93 317 42 08
www.maomaopublications.com
mao@maomaopublications.com

ISBN 978-84-96805-31-6
Printed in China

maomao affirms that it possesses all the necessary rights for the publication of this material and has duly paid all royalties related to the authors' and photographers' rights. **maomao** also affirms that it has violated no property rights and has respected common law, all authors' rights and all other rights that could be relevant. Finally, **maomao** affirms that this book contains no obscene nor slanderous material.

Whole or partial reproduction of this book without editors authorization infringes reserved rights; any utilization must be previously requested.

Introduction/Einleitung   **6**
Introduction/Inleiding

Tops/Tops   **10**
Hauts/Tops en t-shirts

Shirts/Hemden   **64**
Chemises/Overhemden en bloezen

Sweaters/Pullover   **96**
Pulls/Truien

Skirts/Röcke   **152**
Jupes/Rokken

Dresses/Kleider   **200**
Robes/Jurken

Pants and shorts/Hosen und Shorts   **256**
Pantalons et shorts/Broeken en shorts

Coats/Mäntel   **312**
Manteaux/Jassen

Accessories/Accessoires   **376**
Accessoires/Accessoires

Patterns/Muster   **444**
Imprimés/Dessins

Introduction

Fashion illustration fulfils several objectives for designers. At the very outset of the design process, it helps turn an idea – which until then only existed as a tangled web of possibilities in the designer's mind – into something tangible. After this, once the design is on paper, the designer can use the drawing to refine the details of the garment and its production, bringing the original idea ever closer to its actual realization.

Even the great fashion designers recognize the vital importance of this first paper-based stage, which later becomes a three-dimensional, living garment. We need only look at the illustrations of Christian Lacroix, in which color stains are crucial for representing volumes of fabric; the rapid, almost blurred strokes of Karl Lagerfeld, or the elongated, angular, almost alien-like figures of Giambattista Valli. Even at the illustration stage, the individual style of each of these great designers shines through, and these illustrations are, in themselves, further proof of their great talent.

Working with fashion illustrations is a stepping stone to working with patterns: the basic structure when the garment starts to take shape. The initial prototype uses a garment as a model; this is then altered and transformed as necessary, until the new original piece is created. Using illustrated figures, the volume of the material, the stitching and even the tiniest detail can be studied from an aesthetic and also functional perspective.

Modern Fashion Illustration is a compilation of hundreds of fashion illustrations. It is a book based on the design sketch, and its nine chapters cover basic garments, as well as patterns and accessories. Coats, shirts, skirts, sweaters, pants, t-shirts and dresses are illustrated on women in dynamic poses enabling the motion to breathe life into the garments. The illustrations show the figure first unclothed and then clothed, giving a very accurate impression of how the end garment will look on a real-life model.

This book is perfect for any aspiring fashion illustrator. It is an indispensable collection for laying the foundations that, in time, once you become familiar with the ins and outs of these first steps, can help you to develop your own and perhaps brilliant style.

Einleitung

Die Modeillustration erfüllt verschiedene wesentliche Funktionen für den Designer. Am Beginn des gesamten Arbeitsablaufs hat sie den Zweck, das, was bisher nur als Idee, als eine verworrene Vielzahl von Möglichkeiten in seinem Kopf existierte, fassbar zu machen. Wenn dieser Schritt gemeistert ist und die Zeichnung auf dem Papier steht, erlaubt sie es, die Einzelheiten des Kleidungsstücks zu verfeinern, seine Ausführung zu erforschen und die ursprüngliche Idee immer konkreter werden zu lassen.

Selbst die großen Modedesigner legen außerordentlichen Wert auf diesen ersten Schritt auf Papier, der sich später in ein dreidimensionales, lebendiges Kleidungsstück verwandelt. Die Illustrationen von Christian Lacroix, in denen die Farbskizze für die Darstellung des Volumens entscheidend ist, der schnelle, fast verschwommene Strich Karl Lagerfelds oder die länglichen, kantigen und etwas fremdartigen Gestalten von Giambattista Valli sind nur ein paar Beispiele. Schon in der Modezeichnung ist der persönliche Stil jedes einzelnen dieser großen Namen der Mode zu erkennen, und ihre Illustrationen sind für sich selbst genommen ein weiterer Beweis ihres Talents.

Die Arbeit mit Modezeichnungen bildet das Sprungbrett für die Arbeit mit Schnittmustern, die Grundstruktur, auf der das Kleidungsstück beginnt, Persönlichkeit anzunehmen. Vom anfänglichen Prototyp, in dem ein Kleidungsstück als Modell dient, an dem anschließend die notwendigen Variationen und Umgestaltungen vorgenommen werden, bis zur Erzielung eines neuen und originellen Stücks. Auf Grund der Illustrationen können Umfang, Falten, Nähte und sogar kleinste Einzelheiten aus einer ästhetischen, aber auch entschieden funktionalen Perspektive heraus analysiert werden.

Der Band *Modern Fashion Illustration* umfasst Hunderte von Modeillustrationen. Die Basis dieses Buches, dessen neun Kapitel grundlegende Kleidungsstücke sowie Muster und Accessoires beinhalten, bildet die plane Zeichnung. Es werden Mäntel, Hemden, Röcke, Pullover, Hosen, T-Shirts und Kleider anhand von bewegten Posen weiblicher Modelle dargestellt, so dass die Gebärde der Modezeichnung Leben verleiht. Außerdem werden die Figuren zunächst unbekleidet und dann bekleidet gezeigt, wodurch man einen wirklichkeitsgetreuen Eindruck bekommt, wie das fertige Kleidungsstück an einem echten Körper wirkt.

Dieses Buch richtet sich an alle, die dabei sind, sich mit dem Bereich der Modeillustration vertraut zu machen. Es ist zudem ein notwendiger Band, um die Grundlagen dafür zu legen, mit der Zeit einen eigenen, persönlichen und vielleicht sogar genialen Stil zu entwickeln, wenn man erst einmal das Geheimnis der ersten Schritte kennen gelernt hat.

Introduction

L'illustration de mode remplit différentes fonctions essentielles pour le styliste. Tout au début du processus, son rôle est de rendre tangible ce qui n'était qu'une idée naissante, comme un enchevêtrement de possibilités, dans la tête du styliste. Une fois ce stade dépassé, c'est le dessin sur papier qui va permettre d'affiner les détails du vêtement et d'aller plus loin dans sa réalisation en faisant en sorte de rapprocher cette idée de départ de sa véritable concrétisation.

Les grands stylistes eux-mêmes accordent une importance capitale à cette première étape sur le papier, qui deviendra ensuite un vêtement vivant, en trois dimensions. Les illustrations de Christian Lacroix, pour lesquelles l'ébauche en couleur est fondamentale afin de représenter les volumes ; le trait rapide, presque flou de Karl Lagerfeld; ou les figures allongées et anguleuses, légèrement extraterrestres, de Giambattista Valli n'en sont que quelques exemples. Le dessin de mode permet déjà de percevoir le style de chacun de ces grands noms de la mode et leurs illustrations sont elles-mêmes une autre preuve de leur talent.

Le travail effectué sur les dessins est un tremplin vers le travail sur patrons, la structure de base grâce à laquelle le vêtement commencera à acquérir sa personnalité. Du prototype de départ, qui utilise un vêtement comme un modèle sur lequel appliquer ensuite les variations et transformations nécessaires, jusqu'à la pièce nouvelle et originale. Sur les corps dessinés, il est possible d'analyser les volumes, les plis, les coutures et même des détails infimes depuis un point de vue esthétique mais également résolument fonctionnel.

Modern Fashion Illustration est un volume qui réunit des centaines d'illustrations de mode. Ce livre se base sur le dessin à plat et ses neuf chapitres dévoilent des vêtements basiques, ainsi que des imprimés et des accessoires. On y présente des manteaux, des chemises, des jupes, des pull-overs, des pantalons, des hauts et des robes sur des gravures de femmes en mouvement, de sorte que l'action du dessin anime le vêtement illustré. En outre, les modèles sont d'abord montrés nus et ensuite habillés, ce qui permettra de se faire une idée très proche du rendu de la tenue, une fois terminée, sur un corps réel.

Ce livre s'adresse à tous ceux qui font leurs débuts dans le domaine de l'illustration de mode. C'est, de plus, un ouvrage nécessaire pour définir les bases de ce qui pourrait devenir, avec le temps, un style propre et spécifique, peut-être même génial, une fois que l'on aura découvert les secrets des premières étapes.

Inleiding

De mode-illustratie heeft voor de ontwerper verschillende fundamentele betekenissen. Een idee dat als een kluwen van mogelijkheden alleen maar in zijn verbeelding bestond, wordt aan het begin van het proces echt tastbaar dankzij de illustratie. In een volgende stap komt de tekening op papier en worden de details van het kledingstuk bijgewerkt en nauwkeurig uitgewerkt. Het oorspronkelijke idee komt steeds dichter bij de werkelijkheid.

Ook voor de bekende modeontwerpers is deze eerste stap op papier van groot belang voor wat nadien een levendig driedimensionaal kledingstuk wordt. Enkele voorbeelden zijn de illustraties van Christian Lacroix, waarin de kleurvlekken uiterst belangrijk zijn voor het weergeven van volumes; de snelle, bijna vage schetsen van Karl Lagerfeld of de langwerpige en hoekige, enigszins buitenaards aandoende figuren van Giambattista Valli. Op de tekening ziet u al de bijzondere stijl van elk van deze bekende namen uit de modewereld, waarbij de illustraties op zich een bewijs zijn van hun talent.

Het tekenwerk is de trampoline ter voorbereiding op de sprong naar het patroontekenen, de basis waardoor het kledingstuk zijn persoonlijkheid krijgt. Het traject loopt vanaf het allereerste prototype, waarvoor een kledingstuk als voorbeeld dient en waarop vervolgens de nodige variaties en transformaties worden aangebracht, tot de nieuwe creatie een feit is. Op de getekende lichamen worden volumes, plooien, naden, tot zelfs de allerkleinste details geanalyseerd vanuit een esthetisch maar zeker ook functioneel oogpunt.

Modern Fashion Illustration is een bundel met honderden mode-illustraties. De basis van het boek is de platte tekening. Het boek brengt in negen hoofdstukken basisstukken, bedrukte stoffen en accessoires bijeen. Jassen, hemden, rokken, truien, broeken, T-shirts en jurken worden voorgesteld op vrouwen in verschillende poses, waardoor de getekende kledingstukken tot leven komen. De figuren worden eerst naakt en dan aangekleed voorgesteld, zodat u zich heel goed kunt voorstellen hoe het afgewerkte kledingstuk eruit zal zien op een echt lichaam.

Dit boek is bestemd voor eenieder die zijn eerste stappen zet in het modetekenen. Het is tevens een noodzakelijk uitgangspunt voor wat mettertijd een eigen bijzondere stijl zal worden, misschien wel een geniale stijl, als u eenmaal de verborgen aspecten van de beginfase heeft ontdekt.

Tops
Tops
Hauts
Tops en t-shirts

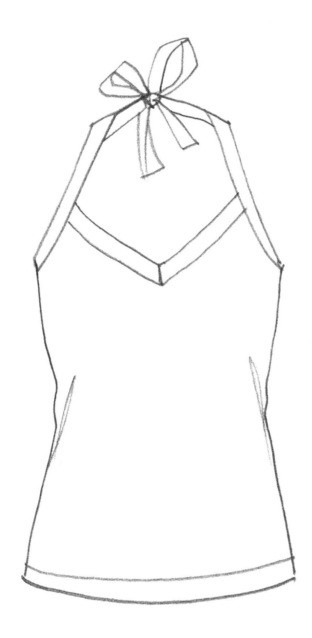

Tie-up halter top
Top, im Nacken gebunden
Tee-shirt dos-nu
Haltertopje

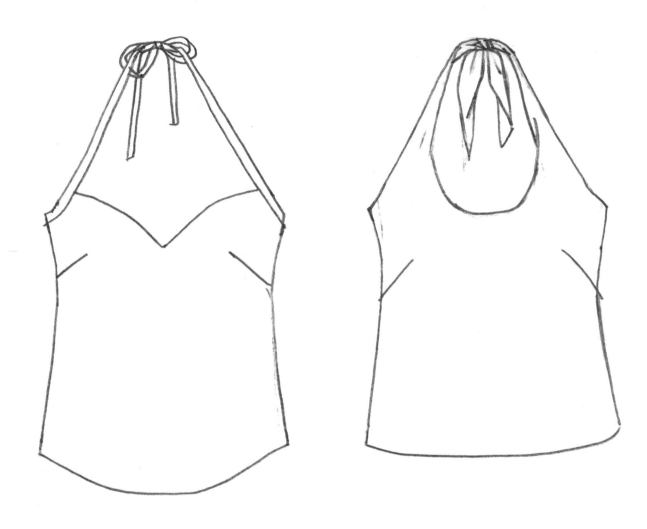

Tie-up halter tops
Tops, im Nacken gebunden
Dos-nu
Haltertopje

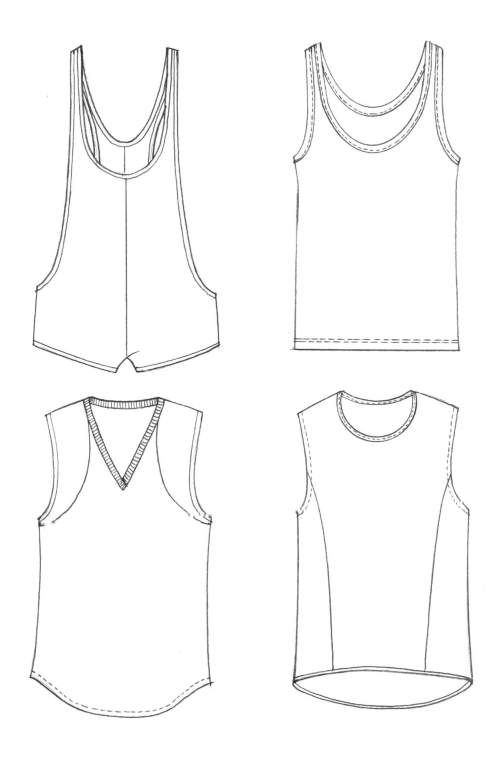

Sports t-shirts
Sporttops
Tee-shirts de sport
Sporthemdjes

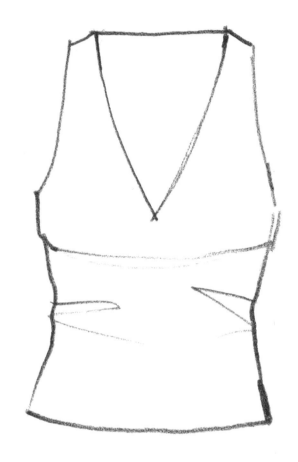

Fitted v-neck t-shirt with cutaway armholes
Tailliertes Shirt mit V-Ausschnitt und Raglan-Armausschnitt
Tee-shirt en V ajusté avec échancrure Américaine
Shirtje met V-hals en Amerikaanse armsgaten

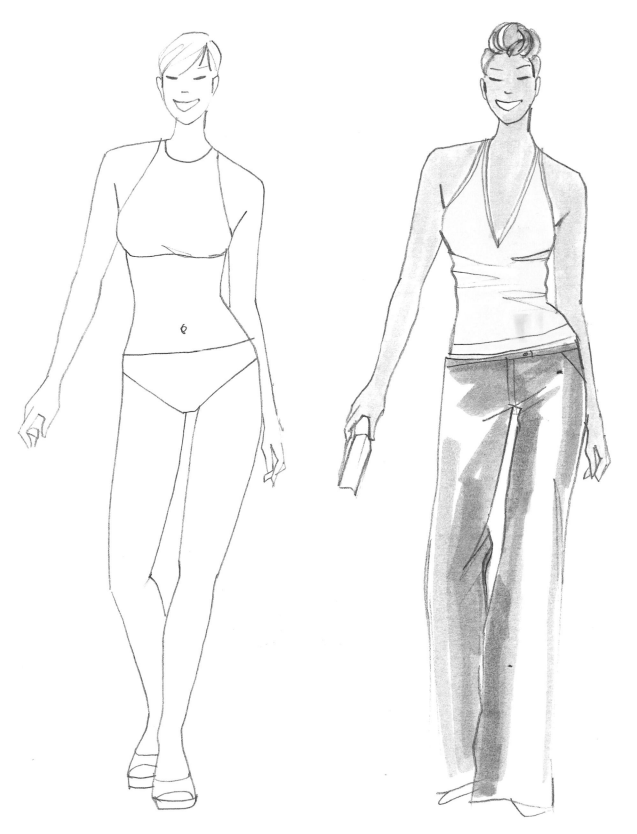

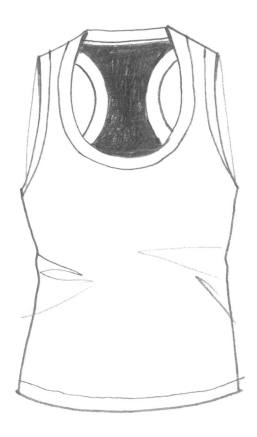

Two-tone sports t-shirt with swimsuit back
Sportliches Shirt, zweifarbig, Rückenausschnitt im Schwimmerstil
Tee-shirt sport bicolore dos nageur
Tweekleurig sporthemdje met zwemmersrug

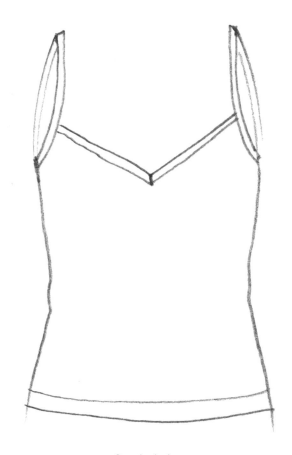

Camisole top
Spaghettiträger-Shirt
Débardeur
Hemdje met schouderbandjes

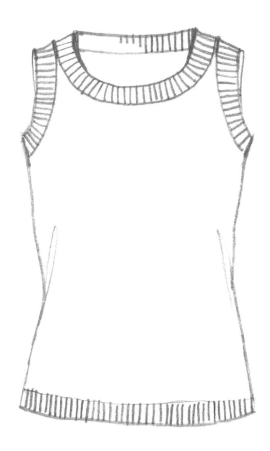

Sleeveless round neck t-shirt with ribbed edging
Ärmelloses Shirt mit Rundhalsausschnitt und Strickbündchen
Tee-shirt encolure arrondie sans manches côtelé
Geribd rond uitgesneden hemdje zonder mouwen

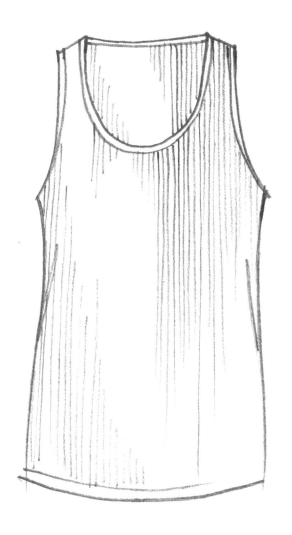

Marcel t-shirt
gestreiftes Shirt „Marcel"
Marcel
Marcel hemdje

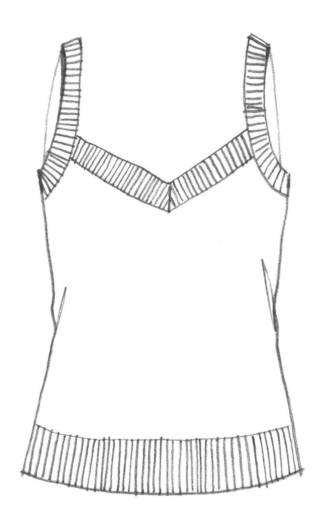

Camisole V-neck top with ribbed edging
Trägershirt mit V-Ausschnitt und Strickbündchen
Tee-shirt à bretelles et col en V côtelés
Geribd truitje met schouderbandjes en V-hals

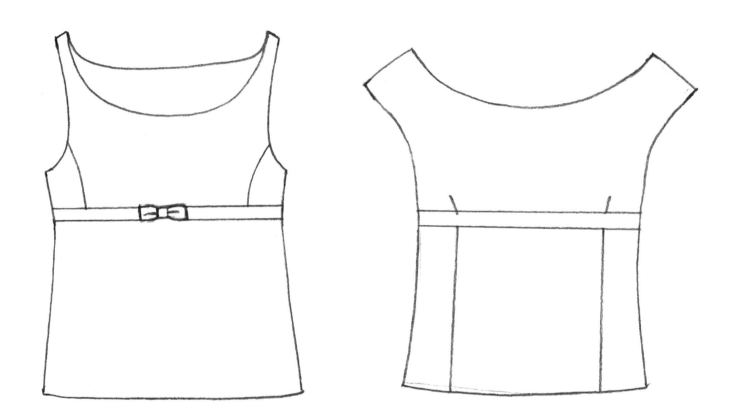

Retro tops
Retro-Tops
Hauts rétro
Retrotops

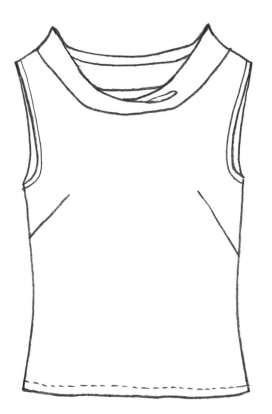
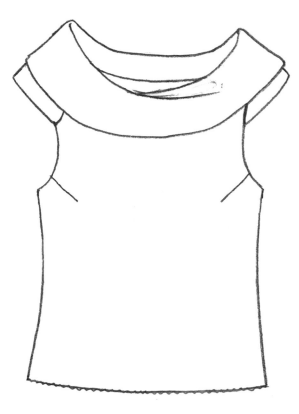

Cowl neck tops
Tops mit Wasserfallkragen
Hauts à col bénitier
Tops met wijde hals met omslag

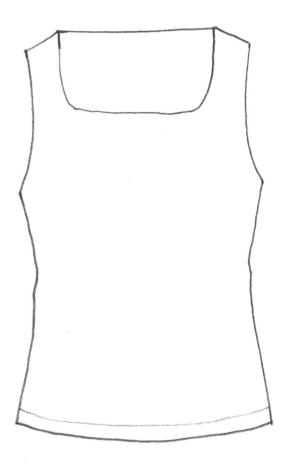

Square neck double fabric t-shirt
T-Shirt mit viereckigem Ausschnitt und zwei Stofflagen
Tee-shirt encolure carrée et tissu double
Top van dubbele stof met vierkant uitgesneden hals

Retro fitted waist tops
Retro-Tops, tailliert
Hauts rétro cintrés
Getailleerde retrotops

Bodice top
Top im Korsett-Stil
Bustier
Corsage

Button-up top with underwire cups
Offenes Top mit Körbchen
Bustier à balconnets
Korset met knoopjes en beugelcups

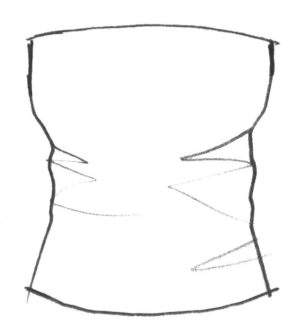

Strapless top
Schulterfreies Top
Haut bustier
Strapless topje

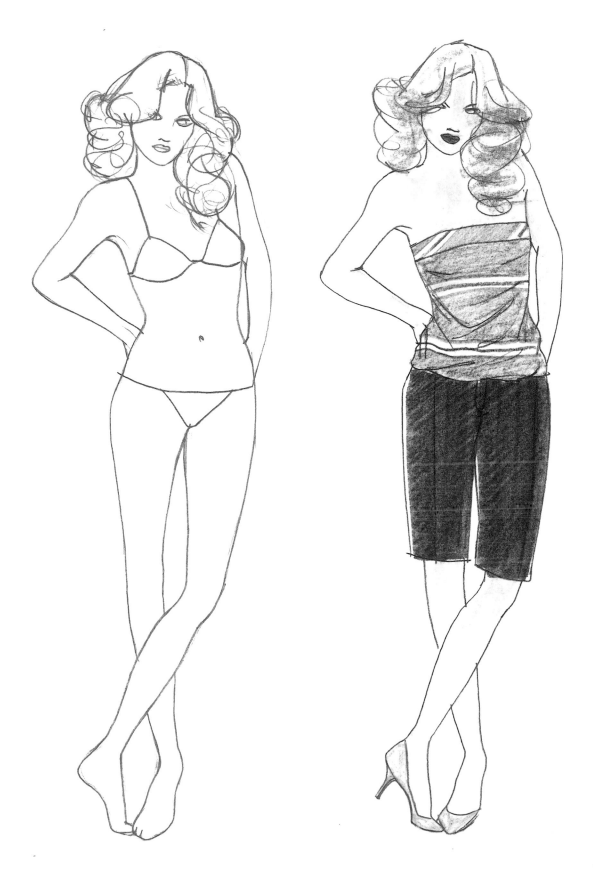

BISHOP BURTON COLLEGE
LIBRARY

A-line trimmed top
Ausgestelltes Top mit Borte
Haut évasé avec passementerie
Afgebiesd klokvormig topje

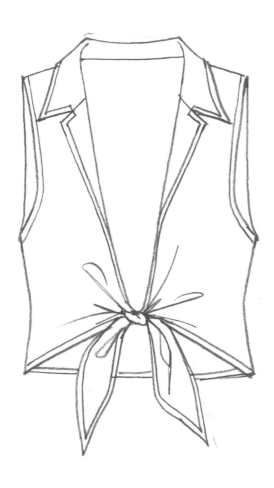

Sleeveless shirt with waist tie
Ärmellose Bluse zum Binden
Haut noué sans manches
Geknoopt topje zonder mouwen

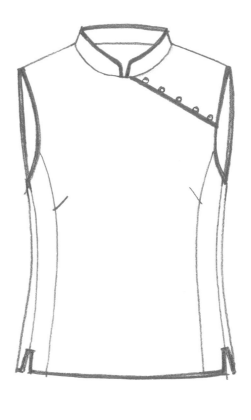

Chinese fasten-up top
Bluse mit Verschluss im Chinastil
Haut boutonnage chinois
Top met Chinese sluiting

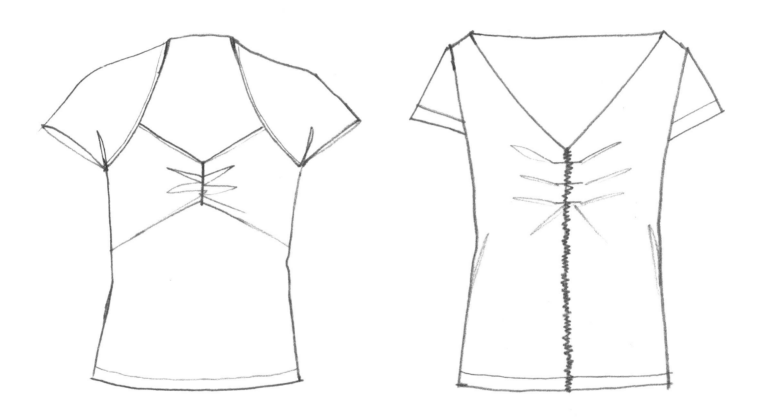

Gathered front tops
Tops, in der Mitte gerafft
Hauts avec fronces sur la poitrine
Tops in het midden gefronst

V-neck t-shirt with elbow-length sleeves
T-Shirt mit tiefem V-Ausschnitt und 3/4-Arm
Tee-shirt en V large, manches aux coudes
T-shirt met V-hals, mouwen tot aan de ellebogen

Wrap shirt
Wickelshirt
Tee-shirt cache-cœur
T-shirt cache-coeur

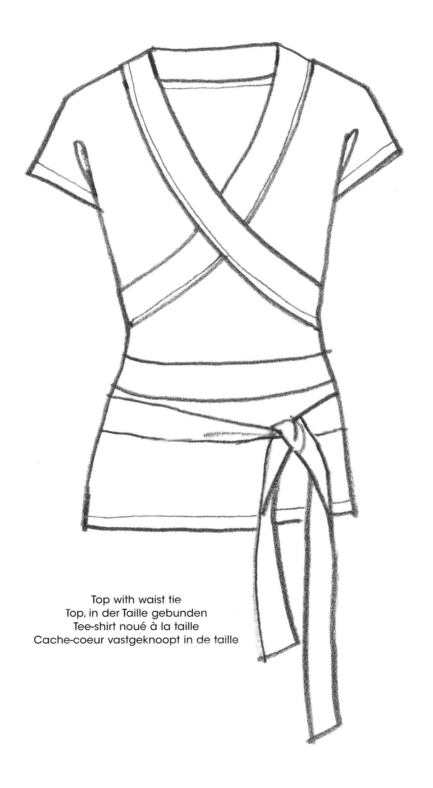

Top with waist tie
Top, in der Taille gebunden
Tee-shirt noué à la taille
Cache-coeur vastgeknoopt in de taille

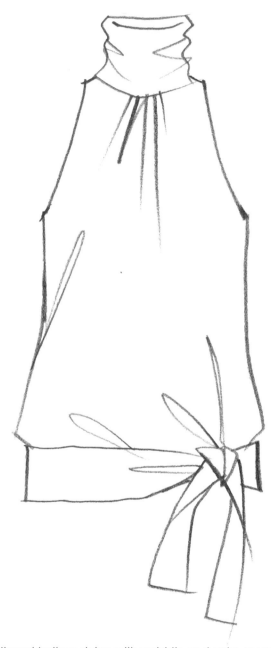

Gathered turtleneck top with waist tie and cutaway armholes
Top mit gerafftem Rollkragen, auf Hüfthöhe gebunden und mit Raglan-Armausschnitt
Haut col montant froncé avec nœud à la taille et échancrure américaine
Top met hoge gefronste kraag, Amerikaanse armsgaten en onderaan vastgeknoopt

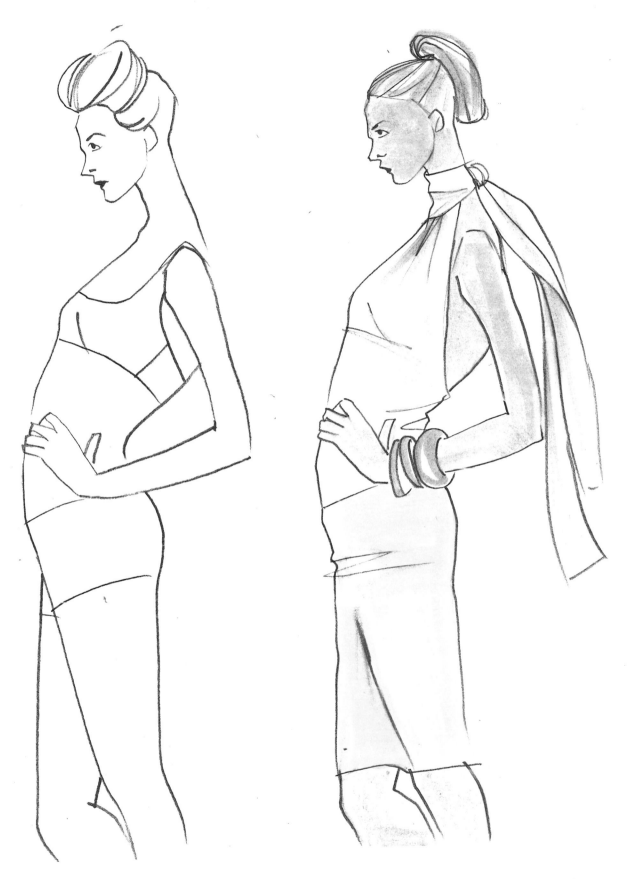

A-line trimmed top
Ausgestelltes Top mit Borte
Haut évasé avec passementerie
Klokvormig topje met kapmouwtjes

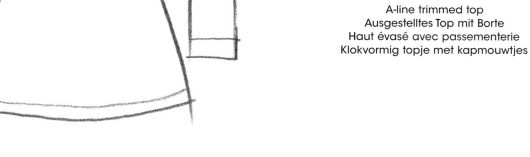

Crossover draped top
Top, an der Vorderseite über Kreuz gerafft
Haut drapé croisé devant
Gedrapeerde top, gekruist aan de voorzijde

Double fabric floaty ruched top with ruches and crossed straps
Top, durch zwei Lagen gebauscht und gerafft. Träger im Rücken gekreuzt
Haut bouffant par effet de tissu doublé et froncé. Bretelles croisées dans le dos
Gefronst ballontopje van dubbele stof. Gekruiste schouderbandjes op de rug

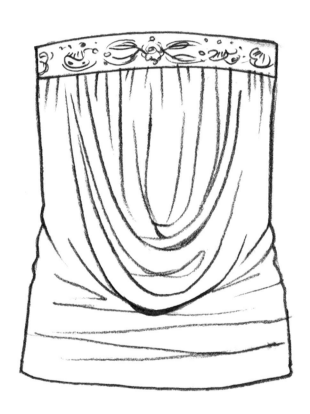

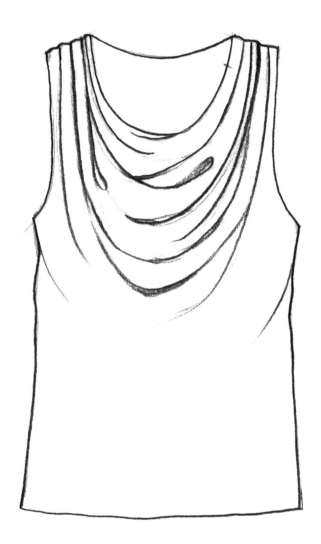

Draped tops
Tops mit Raffung
Hauts drapés
Gedrapeerde tops

Top with asymmetric ruched front, ruched shoulders and gathered sleeves
T-Shirt mit asymmetrischem gerafftem Vorderteil, gerafften Schultern und Trägern
Tee-shirt avec devant asymétrique et froncé, épaules froncées et manches avec tissu retroussé
Langemouwenshirt met empiretaille, geplooid onder de borsten en korte opgelegde mouwen

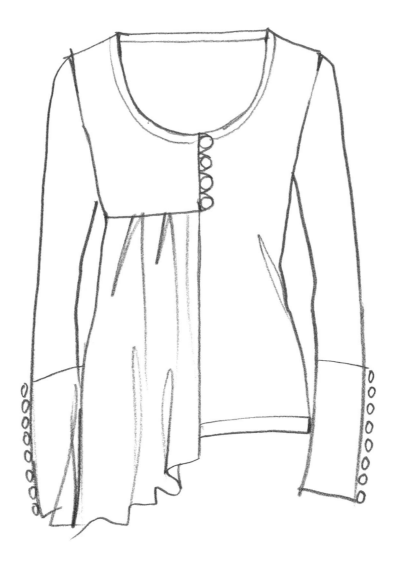

Two-fabric top: a lighter longer fabric gathered under the bust and the other is fitted. Loop buttons
Top aus zwei Lagen: eine dünne längere, unter der Brust gerafft, der Rest aus kompaktem Stoff. Knopfgarnitur mit Paspelschnur
Haut deux tissus : l'un fin plus long et froncé sous le buste et le reste du tissu épais. Boutonnage à attaches
Top uit twee stoffen: een fijne langere stof, gefronst onder de borst en de andere compact. Knopen met lusjes

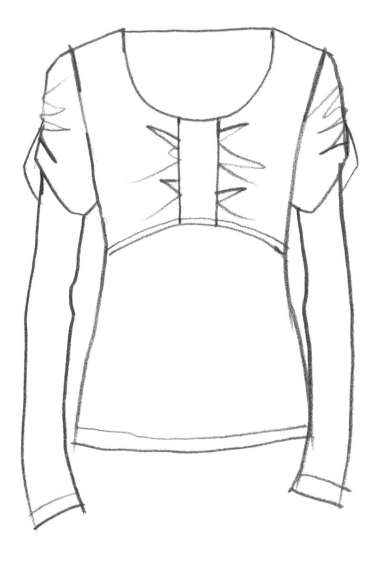

Empire-waist top with ruches at the bust and short-over-long sleeves
Top im Empirestil mit Raffung im Brustbereich und aufgesetzten kurzen Ärmeln
Haut coupe Empire avec fronces sur le buste et manches courtes superposées
Top met imperiale snit, gefronst op de borst en korte opgelegde mouwen

Draped tops
Tops mit Raffung
Hauts drapés
Gedrapeerde tops

Empire-waist top
Top im Empirestil
Haut coupe Empire
Top met empiretaille

Empire-waist top with flounces
Top im Empirestil mit Volants
Haut coupe Empire et à volants
Gelaagd topje met empiretaille

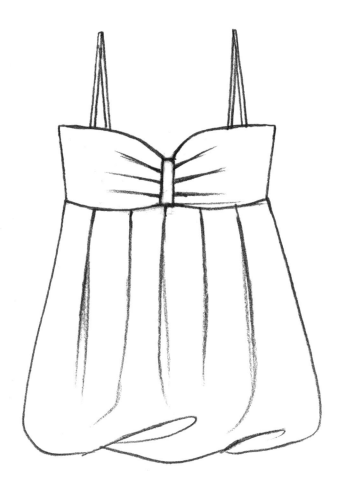

Balloon camisole top
Trägertop in Ballonform
Haut bretelles forme ballon
Ballontopje met schouderbandjes

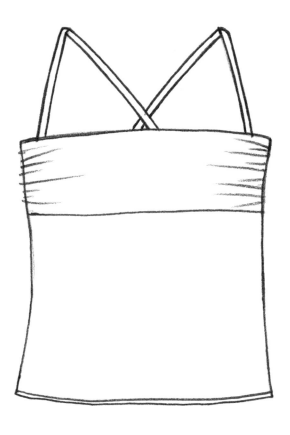

Crossed strap top
Top mit gekreuzten Trägern
Haut bretelles croisées
Top met gekruiste schouderbandjes

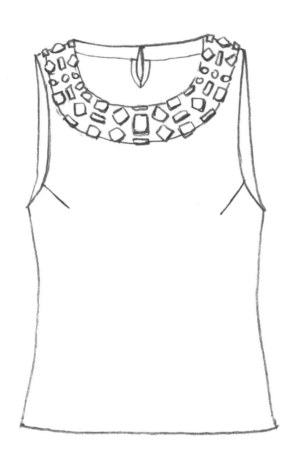

Sequinned tops
Tops mit Schmucksteinen
Hauts pierreries
Tops bezet met edelstenen

Round neck top
T-Shirt mit Rundhalsausschnitt
Haut col rond
Top met ronde halsuitsnijding

Boat neck t-shirt with ¾ length sleeves
T-Shirt mit U-Boot-Ausschnitt und 3/4-Arm
Tee-shirt décolleté bateau et manches trois quarts
T-shirt met boothals en driekwart mouwen

Cowl neck top
Top mit halsfernem Kragen
Haut col échancré
T-shirt met wijde omgeslagen hals

Round neck t-shirt with long wide sleeves
T-Shirt mit Rundhalsausschnitt und weiten langen Ärmeln
Tee-shirt décolleté arrondi, manches longues et amples
T-shirt met ronde halsuitsnijding en lange mouwen, wijd model

Gathered t-shirt with elastic centre
T-Shirt, in der Mitte mit Gummizug gerafft
Tee-shirt froncé avec élastique au centre du vêtement
Truitje in het midden gefronst met elastiek

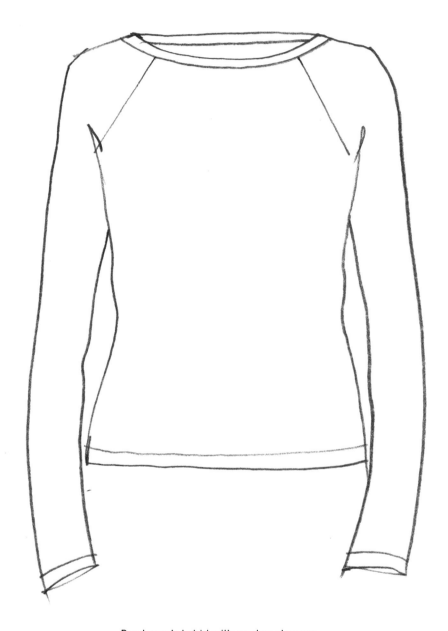

Boat neck t-shirt with raglan sleeves
T-Shirt mit U-Boot-Ausschnitt und Raglanärmeln
Tee-shirt col bateau fermé et raglan
T-shirt met gesloten boothals en raglanmouwen

Shirts
Hemden
Chemises
Overhemden
en bloezen

Rounded collar with ruched sleeves
Bluse mit Rundkragen und gerafften Ärmeln
Chemisier col claudine à manches froncées
Bloes met ronde kraag en geplooide kapmouwtjes

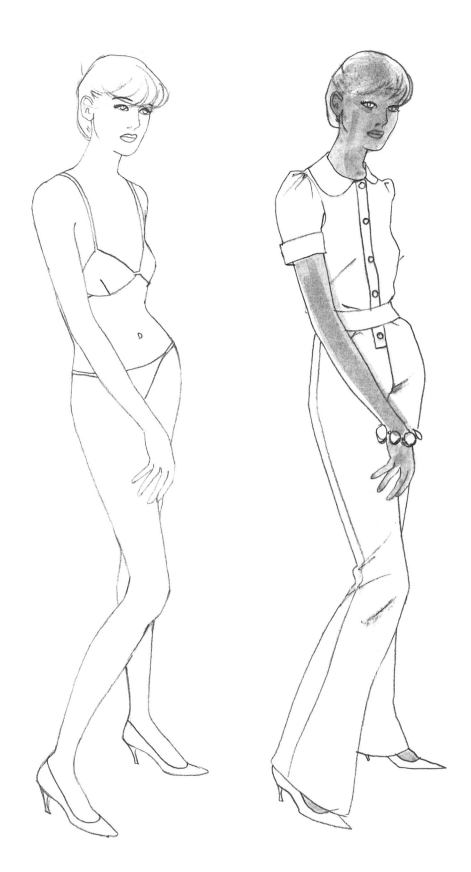

BISHOP BURTON COLLEGE
LIBRARY

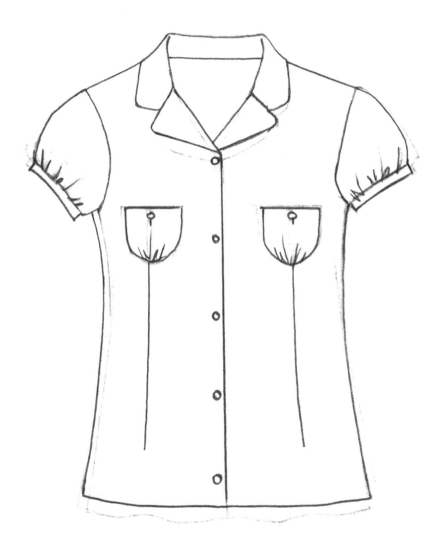

Retro-style blouse
Retro-Bluse
Chemisier style rétro
Bloes in retrostijl

Lace blouse with bib-front panel
Spitzenbluse mit Einsatz
Chemisier à dentelle et plastron
Met kant afgewerkte bloes met voorpand

Kaftan blouse
Kaftanbluse
Chemisier caftan
Kaftan

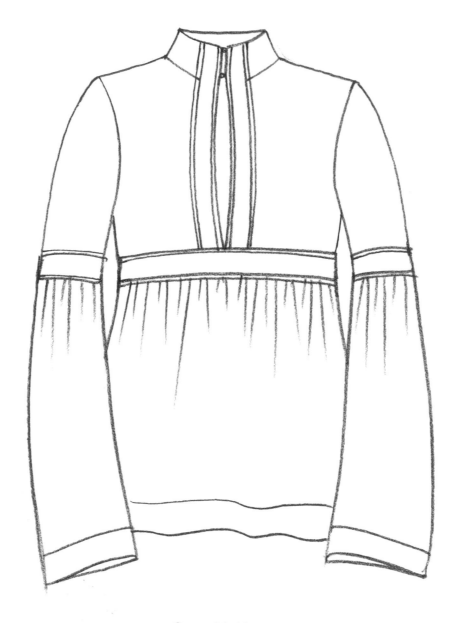

Gypsy-style blouse
Gypsy-Bluse
Chemisier tzigane
Kiel

Loose blouse
Bauschige Bluse
Chemise bouffante
Bloes in Spaanse stijl met pofmouwen

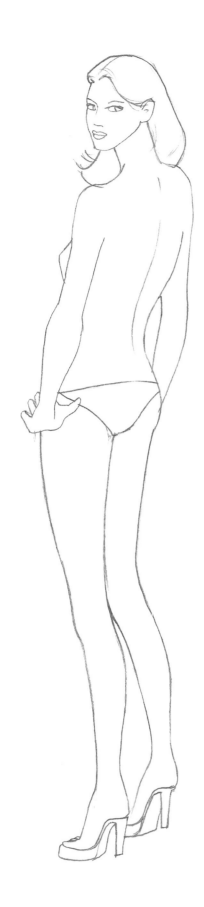

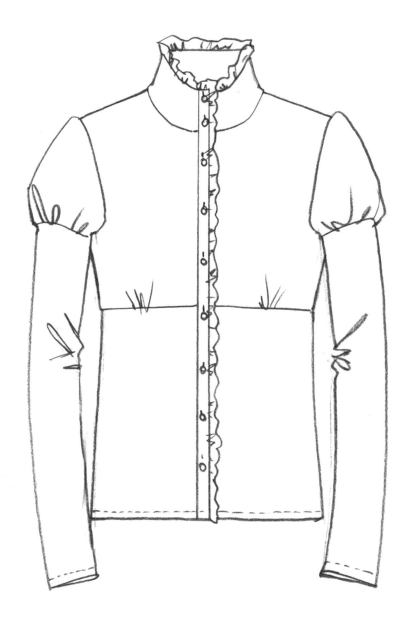

Victoriana blouse
Viktorianische Bluse
Chemise victorienne
Bloes in Victoriaanse stijl

Peasant blouse
Bauernbluse
Chemise paysanne
Landelijke bloes

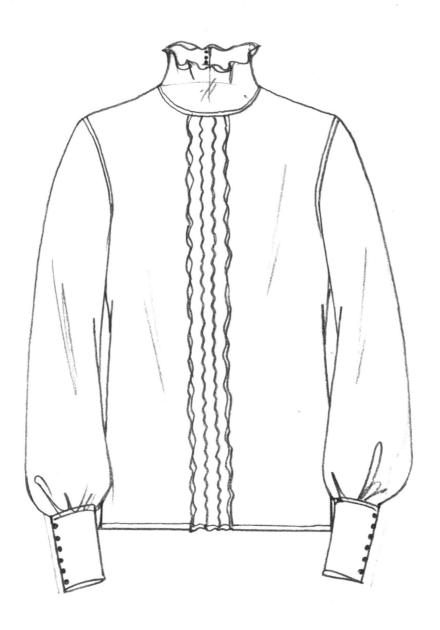

Blouse with Victorian collar
Bluse mit viktorianischem Kragen
Chemisier à col victorien
Bloes met Victoriaanse opstaande boord

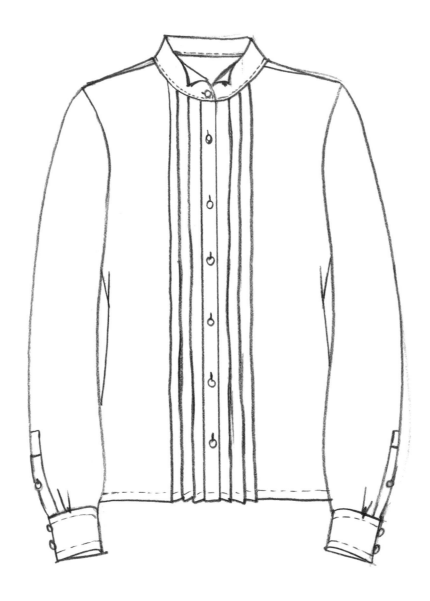

Wing collar blouse
Bluse im Smokingstil
Chemisier col cassé
Bloes voor vlinderdas

Buttoned blouse with front pleat detail
Bluse mit Knopfleiste und Biesen im Brustteil
Chemise boutonnée plissée sur la poitrine
Bloes met knoopjes aan de hals en zoompjes op de borst

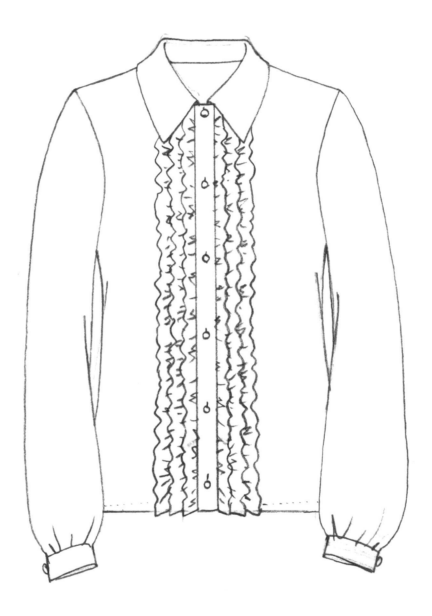

Frilled blouse
Bluse mit Jabot
Chemise à jabot
Bloes met jabot

Blouse with ruff collar
Bluse mit Halskrause
Chemisier à collerette
Bloes met plooikraag

Blouse with bow
Bluse mit Schleife
Chemise à col cravate
Bloes met strik

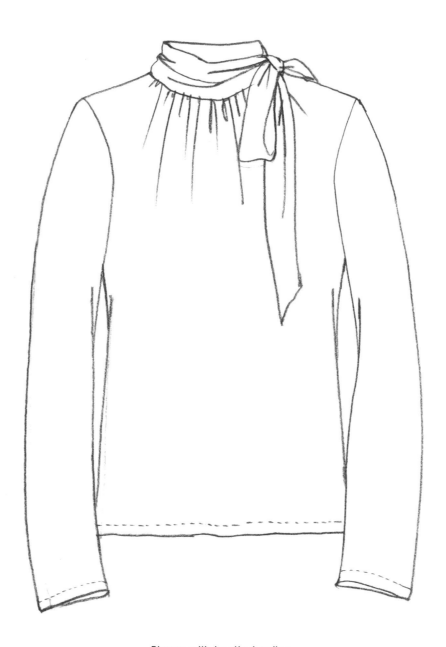

Blouse with knotted collar
Bluse mit Bindekragen
Chemisier à col lavallière
Bloes met gestrikte kraag

Biarritz blouse
Biarritz-Bluse
Chemisier Biarritz
Biarritzbloes

Wrap blouse
Wickel-Bluse
Chemisier cache-cœur
Bloes met overslag

Grandad collar shirt, ¾ length sleeves, covered buttons with
loop fastenings and ruched shoulders
Hemd mit Rundkragen, 3/4 Arm, überzogenen Knöpfen mit
Paspeln und Raffungen an den Schultern
Chemise à col rond ouvert, manches trois quarts, boutons
recouverts avec petits attaches et épaules froncées
Bloes met bestikte kraag, geplooid ingezette driekwart
mouwen en overtrokken knopen met lusjes

Suede cowboy shirt
Cowboy-Hemd aus Wildleder
Chemise en daim country
Suède overhemd in cowboystijl

Denim shirt (front)
Jeanshemd Vorderansicht
Chemise en jean devant
Voorzijde jeanshemd

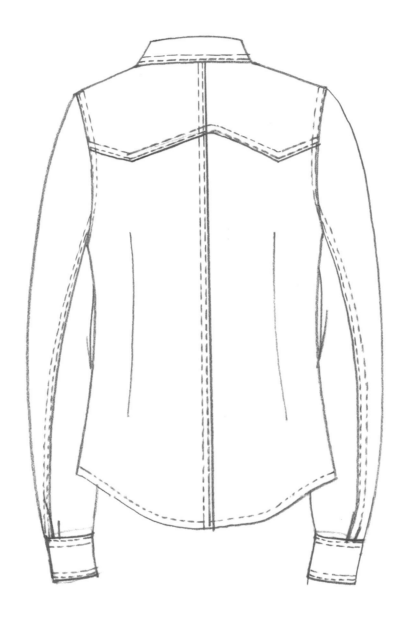

Denim shirt (back)
Jeanshemd Rückenansicht
Chemise en jean dos
Rugzijde jeanshemd

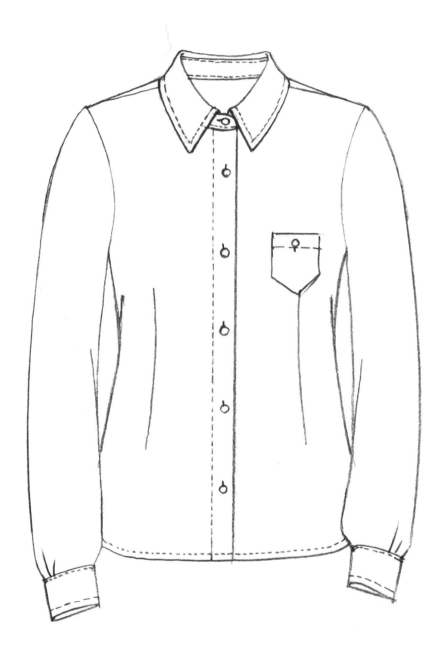

Classic shirt
Klassisches Hemd
Chemise classique
Klassiek overhemd

Sweaters
Pullover
Pulls
Truien

V-neck tank top with edging
Pullunder, V-Ausschnitt mit Bündchen
Gilet col en V finitions tubulaires à l'encolure
Spencer met V-hals

BISHOP BURTON COLLEGE
LIBRARY

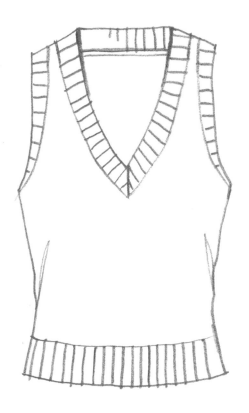

Tank top with wide ribbed edging
Pullunder mit breiten Strickbündchen
Gilet bord grosses côtes
Spencer met grof gebreide boorden

Basic 50s sweater with round neck and elbow-
length sleeves
Basic-Pullover im 50er-Jahre-Stil mit
Rundhalsausschnitt und 3/4-Arm
Pull basique années 50, col rond et manches aux
coudes
Trui, basismodel jaren 50, ronde hals en mouwen
ter hoogte van de ellebogen

Sleeveless sweatshirt with drop shoulders
Ärmelloses Sweatshirt mit überschnittenen Schultern
Sweatshirt sans manches et épaules tombantes
Sweatshirt zonder mouwen en afhangende schouders

Basic 50s sweater with square neck
Basic-Pullover im 50er-Jahre-Stil mit viereckigem Kragen
Pull basique années 50 col carré
Trui, basismodel jaren 50 met rechthoekige hals

Low-neck tank top
Ausgeschnittener Pullunder
Gilet décolleté
Laag uitgesneden mouwloos truitje

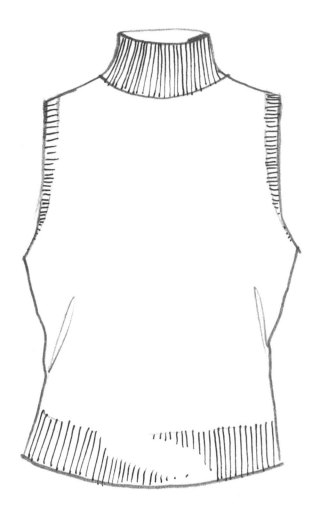

Sleeveless tank top with low turtleneck
Ärmelloser Pullunder mit anliegendem Stehkragen
Gilet fin col semi-montant sans manches
Nauwsluitend mouwloos truitje met col

Basic 50s sweater with low turtleneck
Basic-Pullover im 50er-Jahre-Stil mit Stehkragen
Pull basique années 50 et col semi-montant
Trui, basismodel jaren 50 en halfhoge col

Retro 50/60s sweater with crossover collar in purl
stitch, plain body with edging
Retro-Pullover im 50er- /60er-Jahre-Stil mit kleinem
links gestricktem Reverskragen, der Rest glatt mit
Bündchen
Pull rétro années 50/60 maille lisse, finitions
tubulaires et mini col revers smocking en tricot
Nauwsluitend truitje met korte mouwen en
averecht gebreid reverskraagje

Retro 80s striped sweater with drop shoulders and
elbow-length sleeves
Gestreifter Retro-Pullover im 80er-Jahre-Stil mit
überschnittenen Schultern und 3/4-Arm
Pull rétro années 80 à rayures, à épaules tombantes
et manches aux coudes
Gestreepte jaren-80-trui met afhangende schouders
en mouwen tot de ellebogen

Retro 60s sweater with elbow-length batwing
sleeves and vertical stripes
Längs gestreifter Retro-Pullover im 60er-Jahre-Stil
mit 3/4-Fledermausärmeln
Pull rétro années 60 manches chauve-souris aux
coudes et rayures verticales
Verticaal gestreepte trui met vleermuismouwen
tot de ellebogen

Retro 60s sailor sweater
Retro-Pullover im 60er-Jahre-Stil mit U-Boot-Ausschnitt
Pull rétro années 60 col bateau
Trui in retrostijl jaren 60 met boothals

Low buttoned polo shirt with elbow-length sleeves
Polo mit langer Knopfleiste und 3/4-Arm
Polo longue patte de boutonnage et manches aux coudes.
Polo met laag uitgesneden kraag en mouwen tot de ellebogen

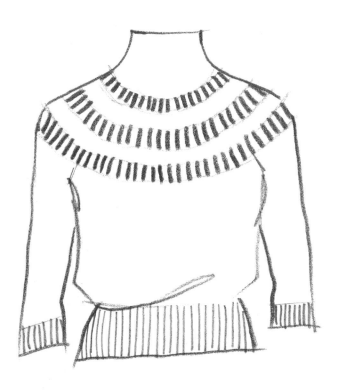

Sweater with plated yarn from neck to shoulders,
semi-turtleneck and ¾-length sleeves
Pullover mit Plattierungen im oberen Teil,
Stehkragen und 3/4-Arm
Pull à maille vanisée sur le haut, col semi-
montant et manches trois quarts
Aan de bovenkant dubbel gebreide trui, met
halfhoge hals en driekwart mouwen

Sweater with scarf and ¾-length sleeves
Pullover mit appliziertem Halstuch und 3/4-Arm
Pull avec foulard incorporé manches trois quarts
Trui met foulard en driekwart mouwen

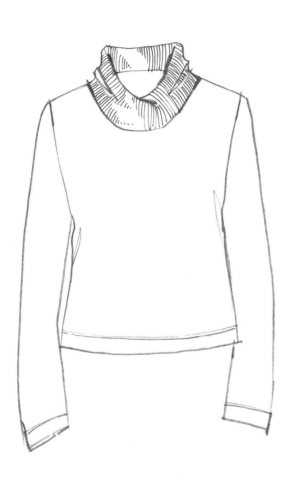

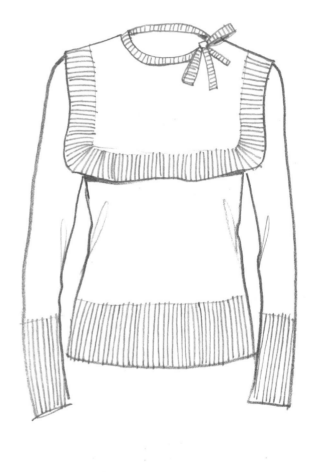

Cowl neck sweater with waist and cuff edging
Pullover mit Kuttenkragen und Bündchen
Pull col cheminée finitions tubulaires
Trui met wijde col

Sweater with cape and ribbed neck that ties in a bow
Pullover im Matrosenstil mit Halsbündchen, das gleichzeitig als
Schleife dient
Pull à capeline et finition tubulaire terminée par un nœud
Trui met matrozenkraag en boord met strik

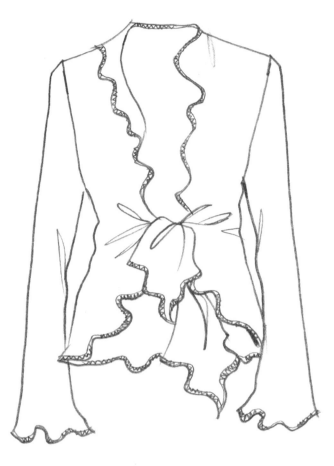

Very light tie-at-the-waist cardigan, overlock finish
Sehr leichte Jacke zum Binden mit Rollsaum
Veste nouée très légère et finitions overlock
Licht, rond het middel dicht te knopen vestje met
overlock-stiksel

Scarf/bolero
Schal / Bolero
Écharpe / Boléro
Sjaal/bolero

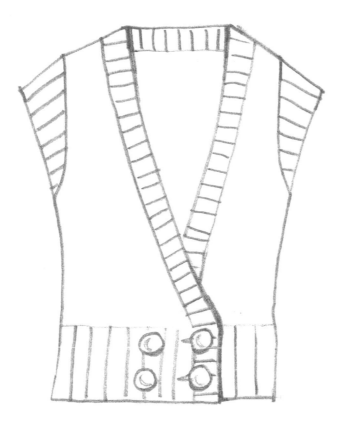

Heavy double-breasted waistcoat
Grobstrickweste mit doppelter Knopfleiste
Gilet croisé épais
Mouwloos vestje met dubbele knoopsluiting

Low-neck cardigan with ¾-length sleeves
Ausgeschnittene Jacke mit 3/4-Arm
Veste décolletée manches trois quarts
Laag uitgesneden vest met driekwart mouwen

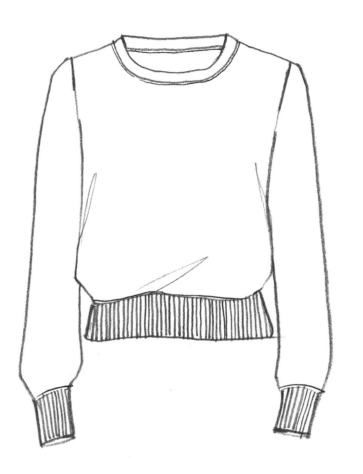

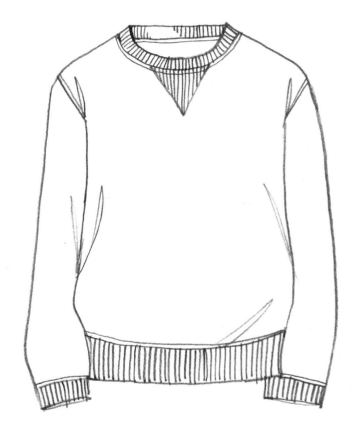

Long-sleeve fleecy t-shirt
Flauschiges T-Shirt
T-shirt éponge
Sweater van velours met ronde hals

Jumper
Jumper
Jumper
Jumper

Cardigan with fabric bow
Cardigan mit Stoffschleife
Cardigan avec nœud en tissu
Vest met door tunnel geregen stoffen lint

Belted cardigan, rolled up sleeves and flat button band
Cardigan mit Gürtel, gerafften Ärmeln und flacher Knopfleiste
Cardigan avec ceinture, bas de manches retroussés et
boutonnage plat
Vest met ceintuur, opgestroopte mouwen en platte knoopsluiting

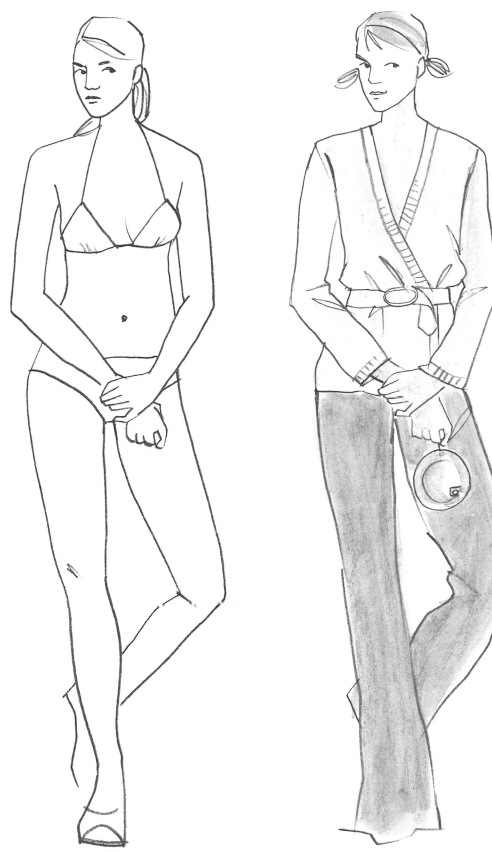

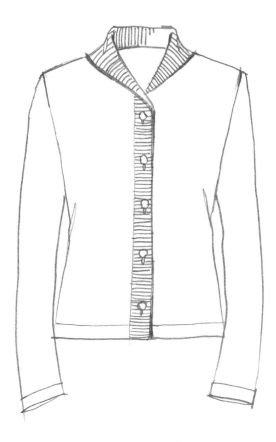

Cardigan with flat bow
Cardigan mit Schleifenband
Cardigan avec boutonnage plat
Vest met strikkraag

Crossover collar with narrow ribbed edging
Cardigan mit Reverskragen und kurzen Bündchen
Smokings avec petites finitions tubulaires
Vest met reverskraag en knoopsluiting in ribbelsteek

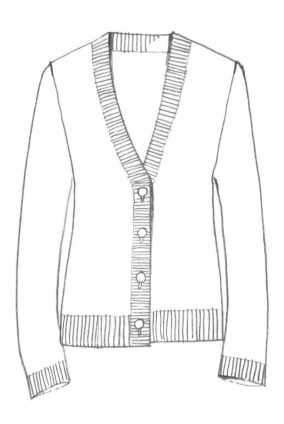
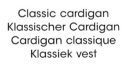

Classic cardigan
Klassischer Cardigan
Cardigan classique
Klassiek vest

Double-button cardigan
Jacke mit doppelter Knopfleiste
Veste croisée
Vest met ronde hals en dubbele knoopsluiting

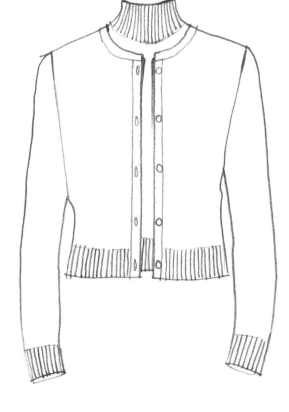

Twinset
Twinset
Veste Twinset
Twinset

Retro 50s cardigan
Retro-Jacke im 50er-Jahre-Stil
Veste rétro années 50
Twinset met coltrui

Retro 50s cardigan with shirt collar
Retro-Jacke im 50er-Jahre-Stil mit Hemdblusenkragen
Veste rétro années 50 et col chemisier diminué
Vestje in jaren-50-stijl met ronde kraag

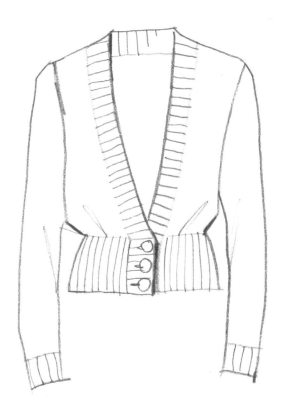

Retro 50s cardigan with waist buttons
Retro-Jacke im 50er-Jahre-Stil, unten geknöpft
Veste rétro années 50, boutonnage au bas
Vestje met knopen op de boord

Twinset
Twinset
Twinset
Twinsetvest

Cardigan with narrow shirt collar
Cardigan mit Hemdblusenkragen
Cardigan col chemisier
Vest met hemdskraag

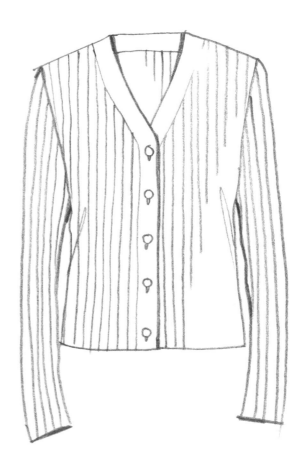

Ribbed cardigan
Gerippter Cardigan
Cardigan à côtes
Vest gebreid in ribbelsteek

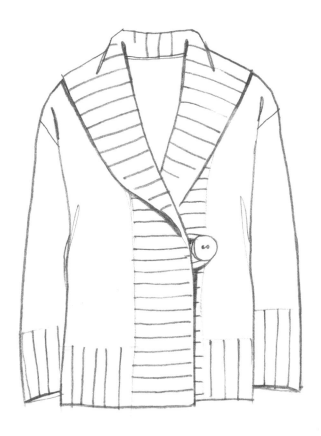

Thick tuxedo cardigan with loop button
„Grand Smoking", grob gestrickt, Knopf mit Paspelschnur
Veste grand col smoking, épaisse et bouton avec attache
Vest met grof gebreide brede revers en knoop met lus

Fancy tuxedo cardigan with pompons and
satin ribbon belt
Phantasie-Smokingstrickjacke mit Pompons
und Schleifengürtel aus Satin
Veste col smoking fantaisie avec pompons et
ceinture nouée en satin
Vest met grof gebreide brede revers, pompons
en satijnen lint

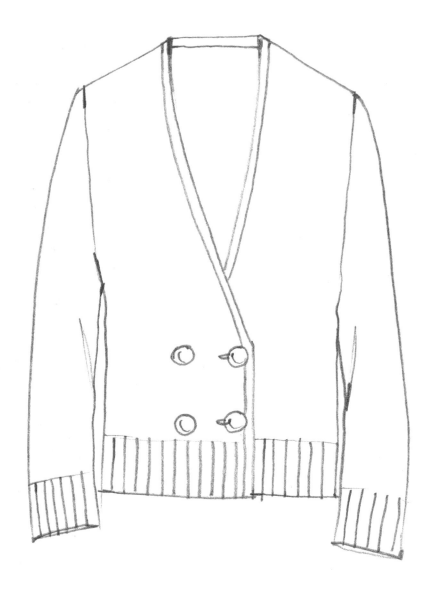

Double-breasted cardigan
Cardigan mit doppelter Knopfleiste
Cardigan croisé
Double-breasted vest

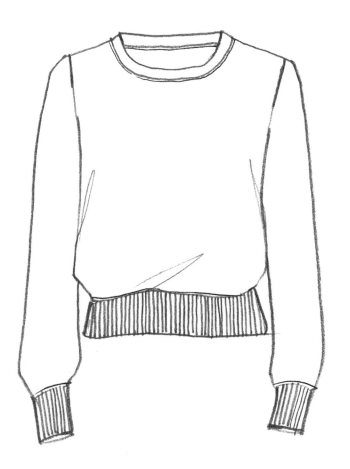

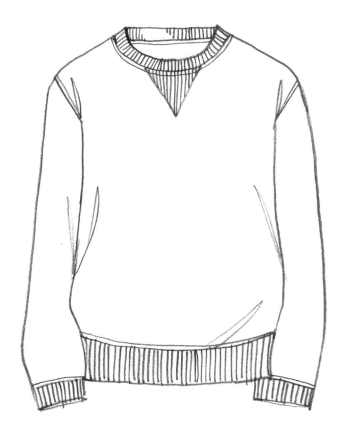

Long-sleeve fleecy t-shirt
Flauschiges T-Shirt
T-shirt éponge
Sweater van velours met ronde hals

Jumper
Jumper
Jumper
Jumper

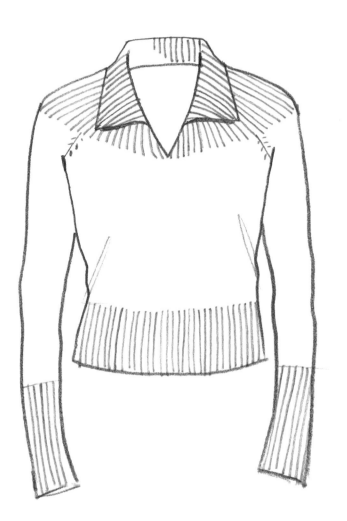

Tunic with ribbed neck, waistband and cuffs
Hemdbluse mit gerippten Bündchen im
oberen und unteren Teil sowie an den Ärmeln
Chemisier avec côtes à l'encolure, à la taille et
aux poignets
Trui met hemdskraag en geribde boorden

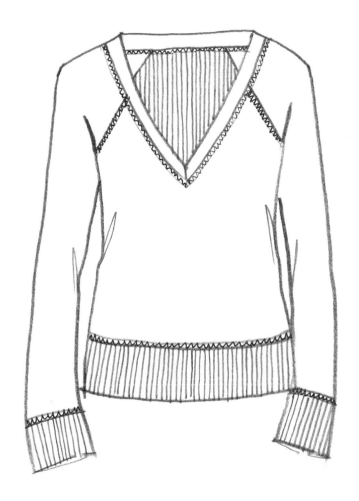

Sweater with ribbed back, raglan
sleeves and trim detail
Pullover mit geripptem Rückenteil,
Raglanärmeln und Ziernähten
Pull dos côtelé, emmanchures raglan et
détail points machine apparents
Trui met ribbels op de rug,
raglanmouwen en stiksel ter afwerking

Hooded sweatshirt
Sweatshirt mit Kapuze
Sweat-shirt à capuche
Sweatshirt met capuchon

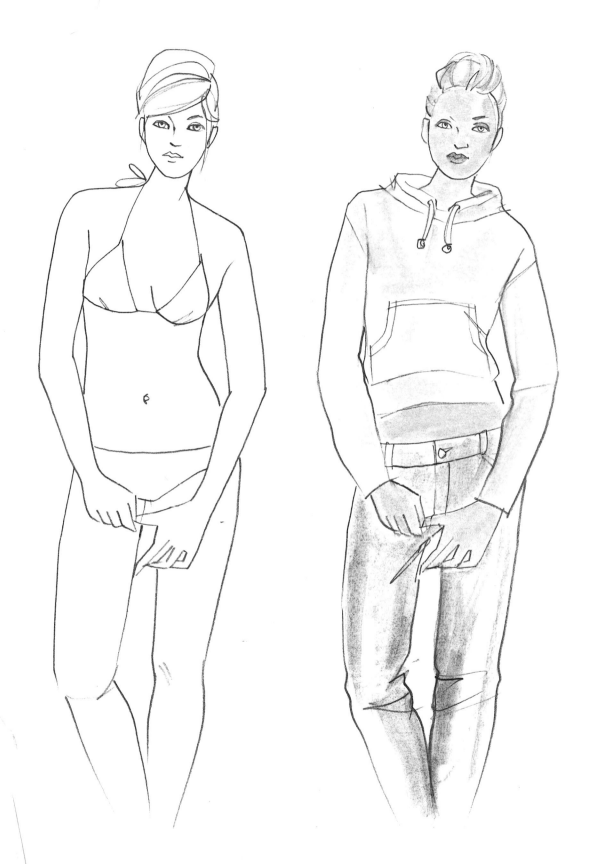

Retro 50s crossover and openwork sweater
Retro-Pullover im 50er-Jahre-Stil, gekreuzt, mit
Hohlsaumstickerei
Pull rétro années 50, croisé avec broderie ajourée
Retrotrui jaren-50-stijl, gekruist en ajour breiwerk

Thin turtleneck sweater with central opening, loose
body and extra wide waistband and cuffs
Dünner Rollkragenpullover mit Schlitz in der Mitte und
sehr breiten Säumen, weit geschnitten
Col montant fin et ouverture au centre, côtes taille et
poignets très large et ligne ample
Wijde, van voren open trui met dunne, hoge col en
zeer brede boorden

Thick, low cowl neck sweater
Halsferner, weit ausgeschnittener Rollkragenpullover
Col bénitier épais et décolleté
Dikke trui met zeer diepe, ronde hals

80s sweater with wide ribbed collar. Belt/pocket
Pullover im 80er-Jahre-Stil mit breitem geripptem
Kragen. Gürtel/Tasche
Pull années 80, col large et à côtes.
Ceinture/poche
Trui in jaren-80-stijl, brede geribde kraag over
ronde hals. Ceintuur/zak

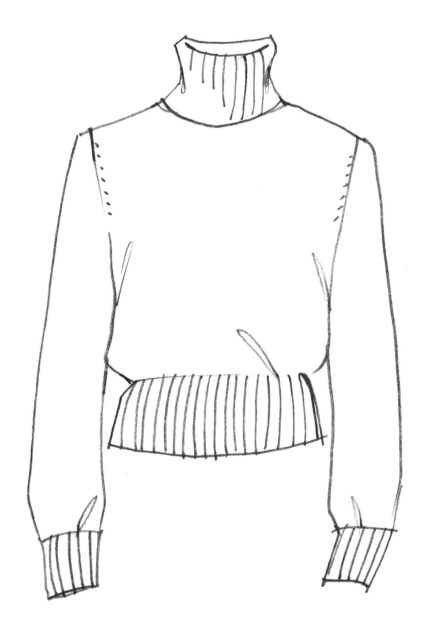

Thick classic turtleneck with wide waistband and
cuffs, fitted narrow sleeves
Klassischer grob gestrickter Rollkragenpullover mit
breiten Strickbündchen an Saum und Ärmeln und
eingearbeitetem, eingestelltem Arm
Col montant classique épais à large côtes à la taille
et aux poignets, manche montée et diminuée
Klassieke coltrui, met geribde boorden en ingezette,
met verminderde steken gebreide mouwen

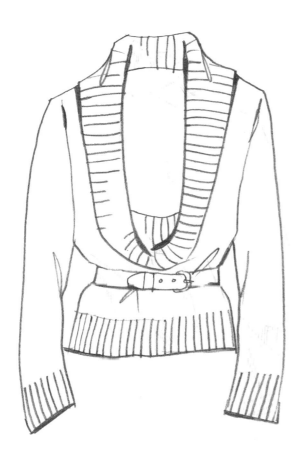

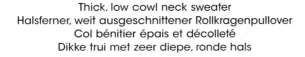

Thick, low cowl neck sweater
Halsferner, weit ausgeschnittener Rollkragenpullover
Col bénitier épais et décolleté
Dikke trui met zeer diepe, ronde hals

80s sweater with wide ribbed collar. Belt/pocket
Pullover im 80er-Jahre-Stil mit breitem geripptem
Kragen. Gürtel/Tasche
Pull années 80, col large et à côtes.
Ceinture/poche
Trui in jaren-80-stijl, brede geribde kraag over
ronde hals. Ceintuur/zak

Ribbed turtleneck
Gerippter Rollkragenpullover
Col montant à côtes
Nauwsluitende geribde coltrui

Thick turtleneck with ¾-length Japanese sleeves
Grob gestrickter Rollkragenpullover mit 3/4-Arm im
japanischen Stil
Col montant épais avec manches trois quarts
kimono
Hoge, wijde col en wijde driekwart mouwen

Belted tunic
Tunika mit Gürtel
Tunique avec ceinture
Tuniek met ceintuur

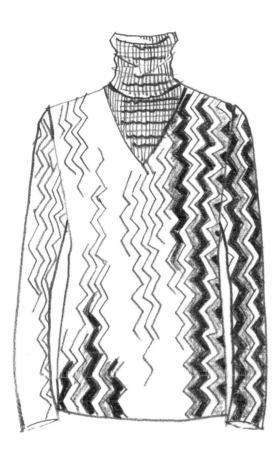

Retro 80s sweater with multicoloured zigzags
Retro-Pullover im 80er-Jahre-Stil mit mehrfarbigem
Zick-Zack-Muster
Pull rétro années 80 à zig-zag multicolore
Retrotrui met veelkleurig zigzagmotief jaren 80

Retro 50/60s key pattern sweater
Retro-Pullover im 50er-/60er-Jahre-Stil mit
Norwegermuster
Pull rétro années 50/60 motif en frise
Retrotrui jaren 50/60 met festoen

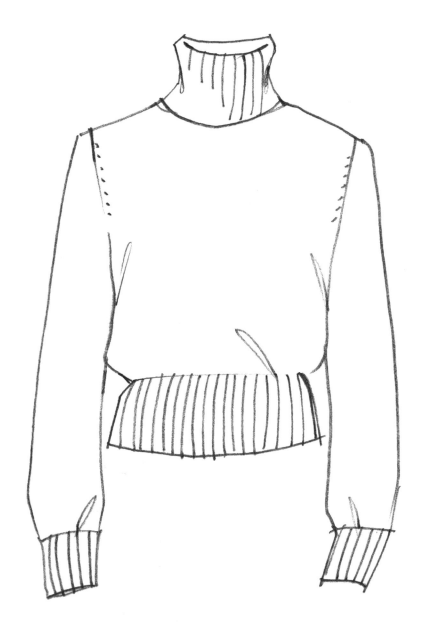

Thick classic turtleneck with wide waistband and
cuffs, fitted narrow sleeves
Klassischer grob gestrickter Rollkragenpullover mit
breiten Strickbündchen an Saum und Ärmeln und
eingearbeitetem, eingestelltem Arm
Col montant classique épais à large côtes à la taille
et aux poignets, manche montée et diminuée
Klassieke coltrui, met geribde boorden en ingezette,
met verminderde steken gebreide mouwen

Patchwork boat neck sweater with trim detail
Pullover mit U-Bootausschnitt, Patchwork-Muster
und Ziernähten
Pull décolleté bateau et patchwork de tissus
variés, finition points machine
Trui in patchwork met boothals, verschillende
weefsels, overstikt ter afwerking

Retro 60s intarsia sweater
Retro-Pullover im 60er-Jahre-Stil mit Rautenmuster
Pull rétro années 60 motif intarsia
Trui met geruit voorpand en knoopsluiting

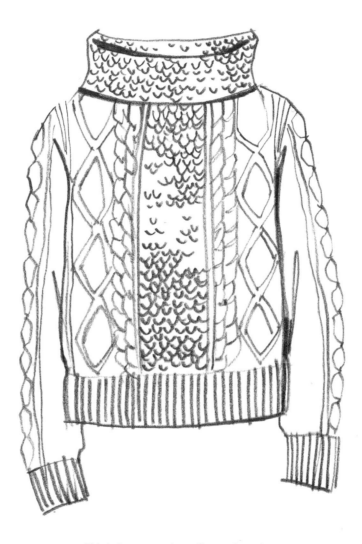

Thick Aran sweater with cowl neck
Grobgestrickter Pullover in verschiedenen Strickarten mit
weitem Rollkragen
Pull épais en point d'Aran ou torsades et ample col roulé
Grof gebreide kabeltrui met wijd uitstaande brede col

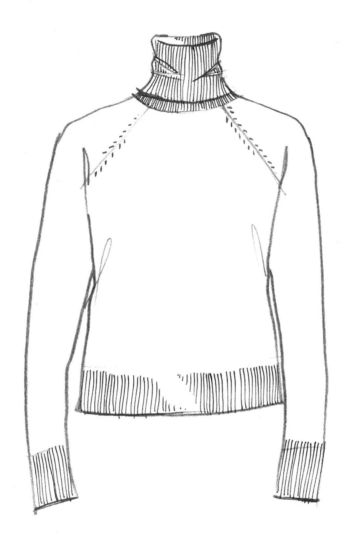

Thin turtleneck with raglan sleeve and wide
waistband and cuffs
Schmaler Rollkragenpullover mit eng zulaufenden
Raglanärmeln und breiten Bündchen an Saum
und Ärmeln
Col montant fin, manche raglan diminuée, larges
côtes à la taille et aux poignets
Trui met hoge col, raglanmouwen en geribde
boorden

BISHOP BURTON COLLEGE
LIBRARY

Thick retro ribbed tunic with wide turtleneck
Grob gestrickte Tunika mit weitem Rollkragen
Tunique épaisse rétro, col montant large et côtes anglaises
Dikke retrotuniek, wijde hoge kraag en patentsteek

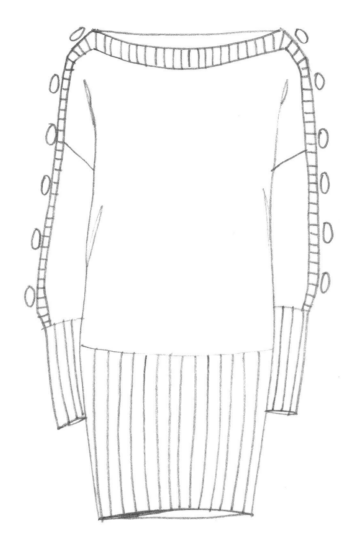

Tunic with wide waistband and cuffs, boat neck
and buttons down the sleeves
Tunika mit breiten Strickbündchen, U-Boot-
Ausschnitt und Knopfgarnitur entlang der Arme
Tunique avec larges côtes, décolleté bateau et
boutons sur le côté des manches
Tuniek met breed ribbelpatroon, boothals en
knopen op het midden van de mouwen

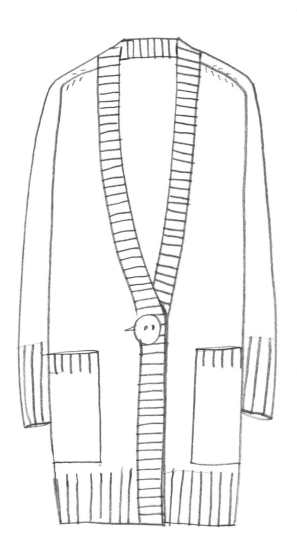

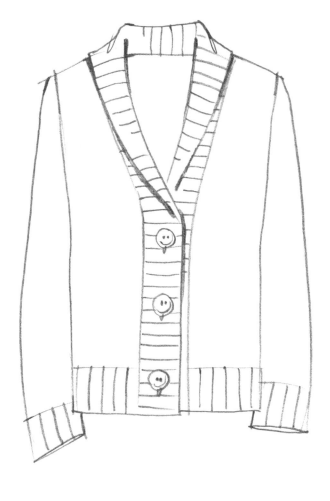

Thick ¾ length cardigan
Cardigan in 3/4-Länge, grobgestrickt mit
Reverskragen
Cardigan trois quarts épais
Dik gebreid vest van driekwart lengte

Thick tuxedo cardigan
Grobgestrickte Jacke mit Reverskragen
Smoking épais
Dik gebreid vest met reverskraag

Long cardigan belted at the hip
Langer Cardigan, auf Hüfthöhe gebunden
Long cardigan noué à la taille
Lang, op de heupen vastgestrikt vest

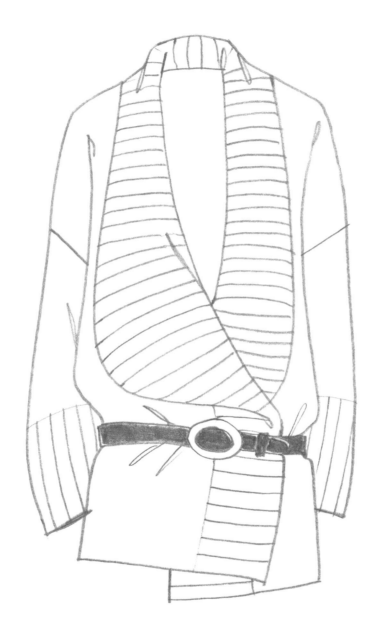

Loose tuxedo cardigan in thick gauge wool
Jacke mit ausladendem Reverskragen, unstrukturiert, breites
Gürtelband
Smoking très grand col déstructuré et très gros point
Lang, met ceintuur dichtgemaakt vest met overdreven brede kraag
en brede manchetten

Skirts
Röcke
Jupes
Rokken

Ballerina skirt
Ballettrock
Jupe danseuse
Ballerinarokje

Puckered skirt
Rock in Boueleform
Jupe bouillonnée
Pofrok

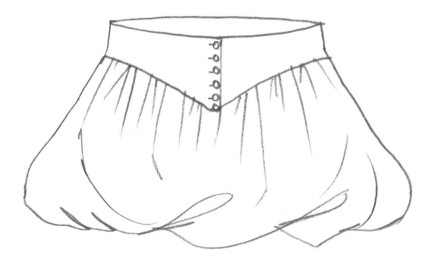

Ball skirt
Ballonrock
Jupe courte ballon
Ballonrok

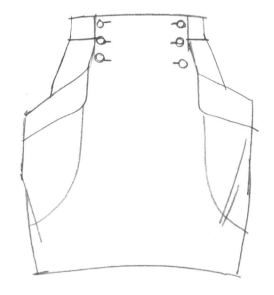

Paper bag skirt
Rock mit Taschen
Jupe fourreau
Rok met uitstaande zakken

Ra-ra skirt
Rock mit gerafften Volants
Jupe à volants froncés
Rok met geplooide stroken

Balloon skirt
Ballonrock
Jupe ballon
Ballonrok

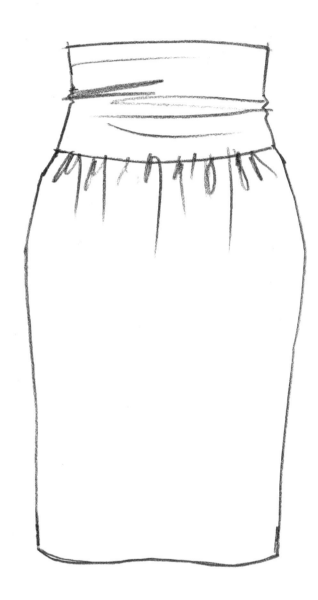

Tube skirt
Bleistiftrock
Jupe tube
Tulprok

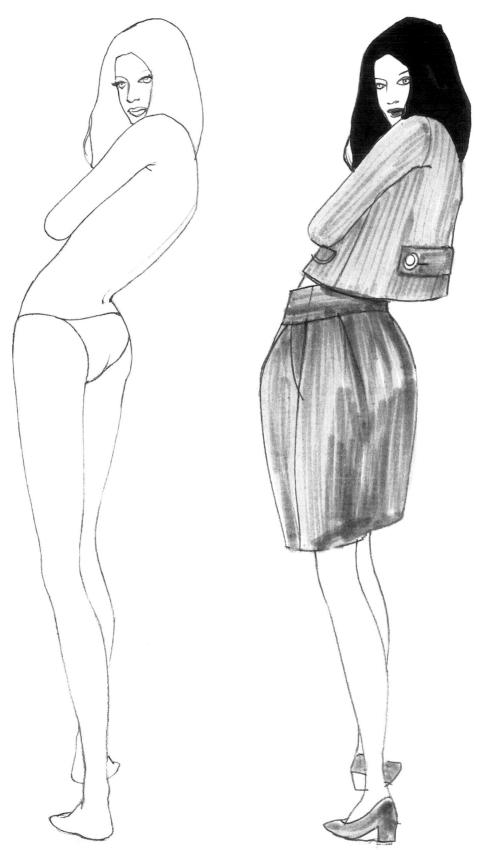

Straight skirt
Gerade geschnittener Rock
Jupe droite
Rechte kokerrok

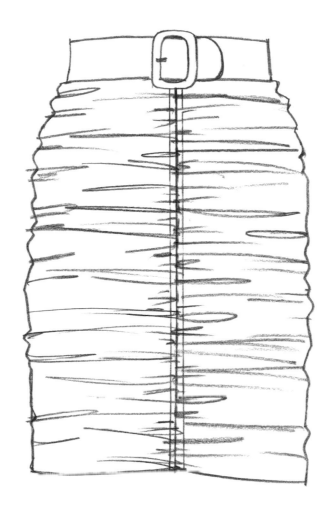

Crinkled skirt
Gecrashter Rock
Jupe froissée
Rok in gekreukte stof

Culottes
Hosenrock
Jupe culotte
Broekrok

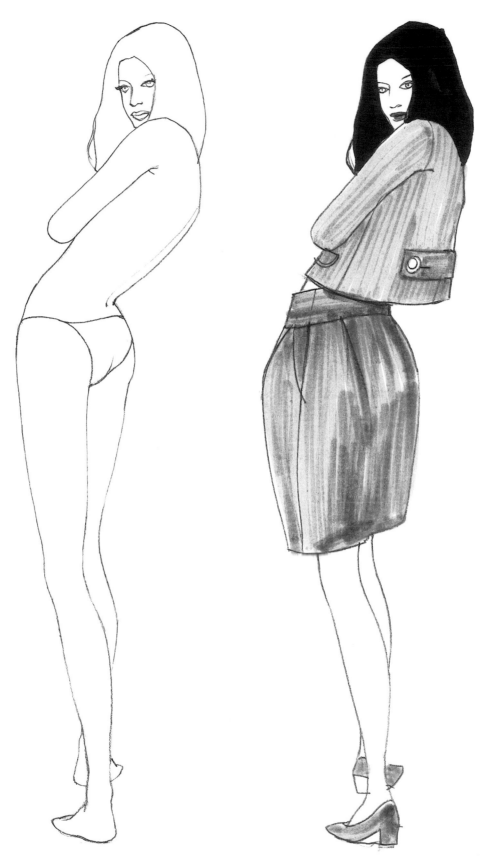

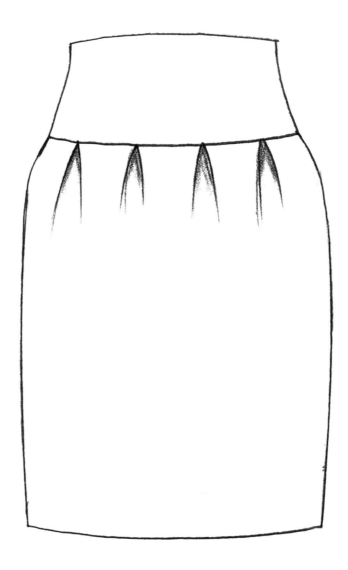

Darted skirt
Bundfaltenrock
Jupe à soufflets
Rok met plooien

Tulip skirt
Tulpenrock
Jupe tulipe
Rok in A-lijn

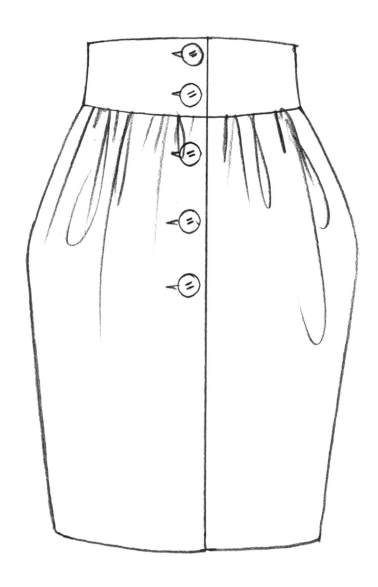

Tulip skirt
Tulpenrock
Jupe tulipe
Tulprok

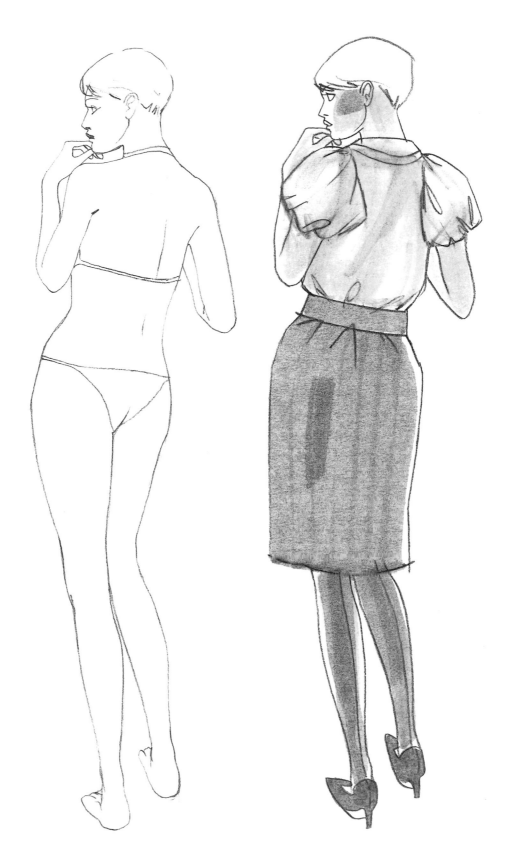

Straight skirt
Gerade geschnittener Rock
Jupe droite
Rechte kokerrok

Skirt with dart
Rock mit Kellerfalte
Jupe à pli creux
Rok met plooi

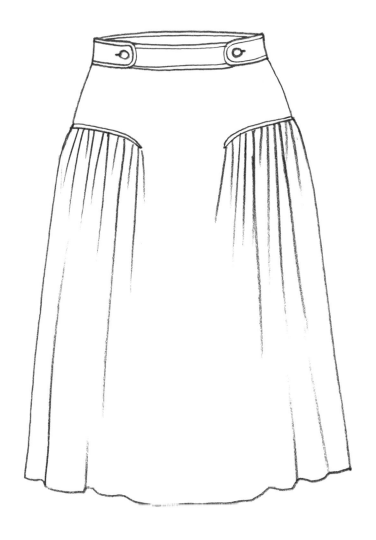

Corolla skirt with piping
Tellerrock mit Sattel
Jupe corolle couleurs vives
Gerende rok met biezen

Ballet wrap skirt
Tanzrock
Jupe courte portefeuille
Dansrok

A-line skirt
Rock in A-Linie
Jupe coupe en «A»
A-lijn rok

Denim skirt
Jeansrock
Jupe en jean
Jeansrok

Kilt
Schottenrock
Jupe écossaise
Schotse rok

Safari skirt
Safari-Rock
Jupe safari
Safarirok

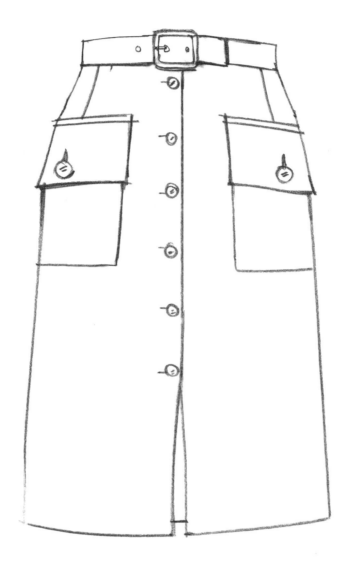

Military skirt
Rock im Military-Stil
Jupe militaire
Legerrok

Fishtail skirt
Bananenrock
Jupe évasée
Wijd uitlopende strokenrok

Dance skirt
Tellerrock
Jupe danse de salon
Cirkelrok

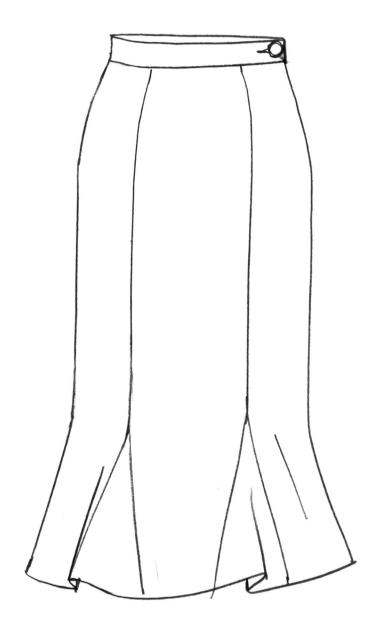

Godet skirt
Bananenrock mit Keilen
Jupe à quilles
Godetrok

Skirt with pleats at the hip
Rock mit genähten Bahnen ab der Hüfte
Jupe à pans cousus au niveau des hanches
Rok met plooien, vastgenaaid vanaf de heup

Skirt with side slits
Rock mit seitlichen Schlitzen
Jupe échancrée sur les côtés
Rok met zijsplitten

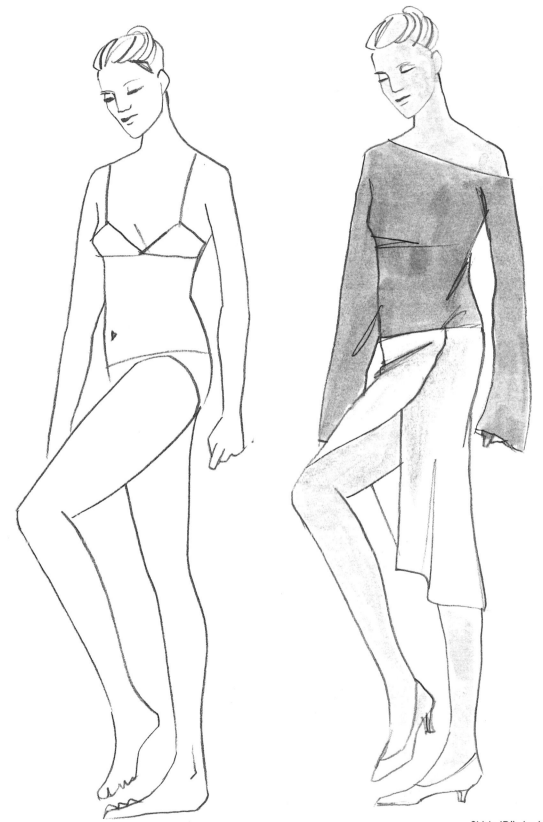

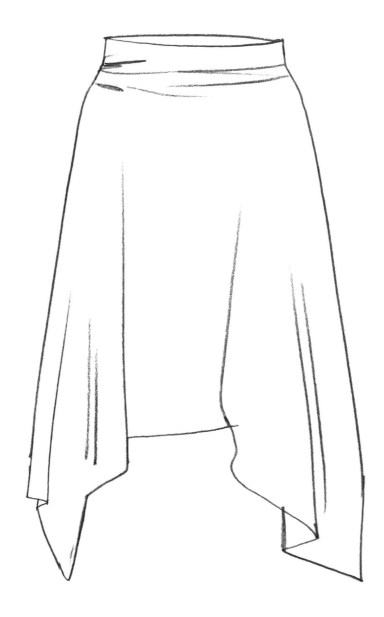

Handkerchief skirt
Zipfelrock
Jupe foulard
Asymmetrische klokrok

Skirt with satin flounces
Rock mit Satin-Volants
Jupe à volants en satin
Satijnen strokenrok

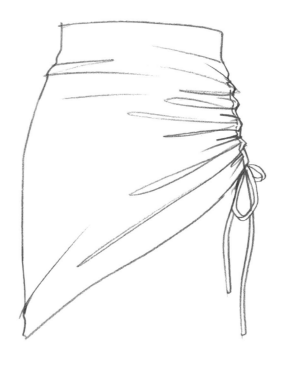

Sarong skirt
Pareo-Rock
Jupe paréo
Pareo

Tube skirt with side drawstring
Bleistiftrock mit seitlichem Tunnelzug
Jupe tube avec laçage sur le côté
Kokerrok met koord door tunnel opzij

Bow skirt
Rock mit Schleife
Jupe à nœud
Gestrikte rok

Draped skirt
Geraffter Rock
Jupe drapée
Gedrapeerde rok

Cocktail skirt with tulle flounces
Cocktailrock mit Tüllvolants
Jupe cocktail à volants en tulle
Cocktailrok met stroken van tule

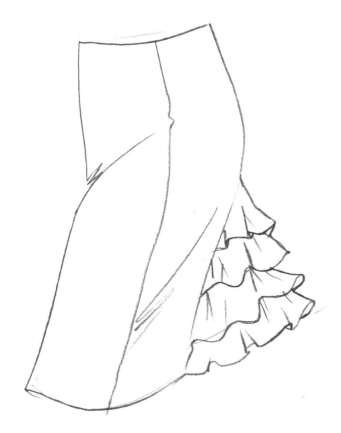

Side view of skirt with flounces at the back
Rock in Seitenansicht mit Volants hinten
Jupe à volants derrière (vue de profil)
Profiel van rok met stroken aan de achterzijde

Crinkled cocktail skirt
Cocktailrock, gecrasht
Jupe cocktail froissée
Cocktailrok in gekreukte stof

BISHOP BURTON COLLEGE
LIBRARY

Can-can skirt with tutu
Cancan-Rock mit Petticoat
Jupe French cancan jupon en tulle
Cancanrok met tutu

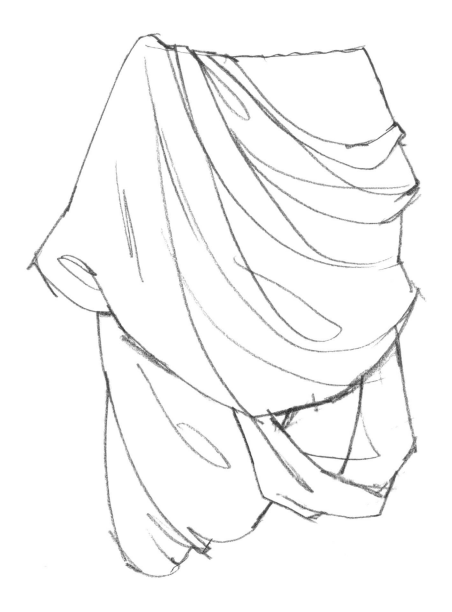

Skirt with folds
Drapierter Rock
Jupe drapée froissée
Gedrapeerde rok

Short pleated skirt
Bahnenrock
Jupe courte plissée
Plooirok

Dresses
Kleider
Robes
Jurken

Beach dress
Strandkleid
Robe de plage
Strandjurk

Mini dress made from two fabrics: a lighter outer layer and a thicker under layer
Minikleid mit zwei Stofflagen, eine feinere Lage über dem unteren dichteren Stoff
Mini-robe en deux tissus : le plus fin superposé et le plus épais dessous
Mini-jurk uit twee stoffen: een fijnere stof als bovenlaag en een meer compactere stof eronder

Tunic with dropped waist drawstring tie and ruches beneath the bust
Tunika mit Tunnelzug auf Hüfthöhe und Raffung unter der Brust
Tunique avec cordon sur les hanches et fronces sous le buste
Tuniek met kapmouwtjes en door tunnel geregen koord op de heupen

A-line dress
Kleid in A-Linie
Robe coupe en « A »
A-lijn jurk

Paco dress (with metal plates)
„Paco"-Kleid (mit Metallteilen im Stil von Paco Rabanne)
Robe Paco (en pièces métalliques)
Paco-jurk (met metalen stukken)

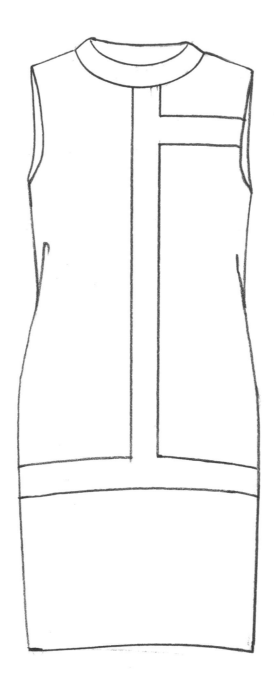

Straight dress with 60s geometric detail
Gerade geschnittenes Kleid mit geometrischem Muster im 60er-Jahre-Stil
Robe droite dessins géométriques années 60
Rechte jurk met geometrisch motief, jaren 60

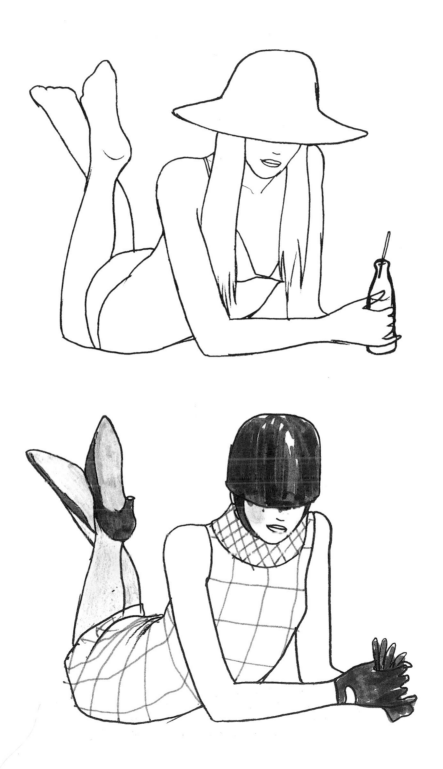

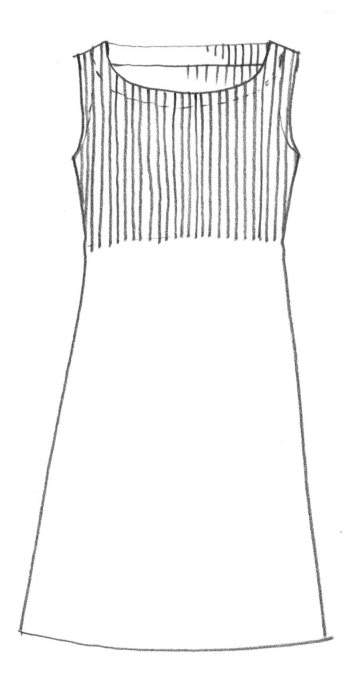

Mini dress with empire waist and upper pleats
Minikleid mit Empiretaille und geripptem Oberteil
Mini-robe taille Empire côtelée sur la partie supérieure
Mini-jurk met empiretaille en bovenstuk met vastgestikte plooien

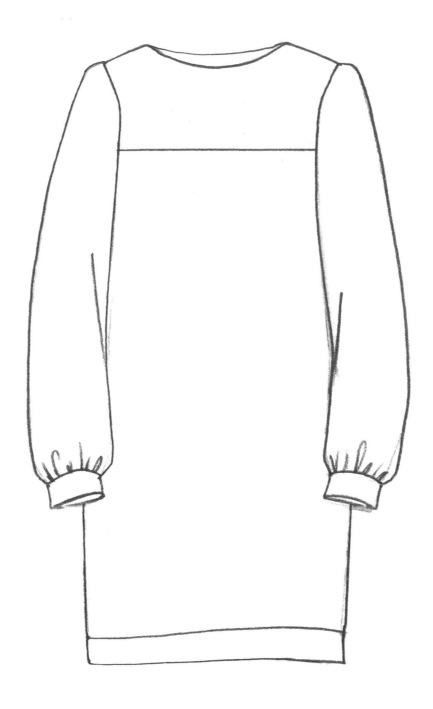

Sack dress
Sackkleid
Robe tunique
Zakjurk

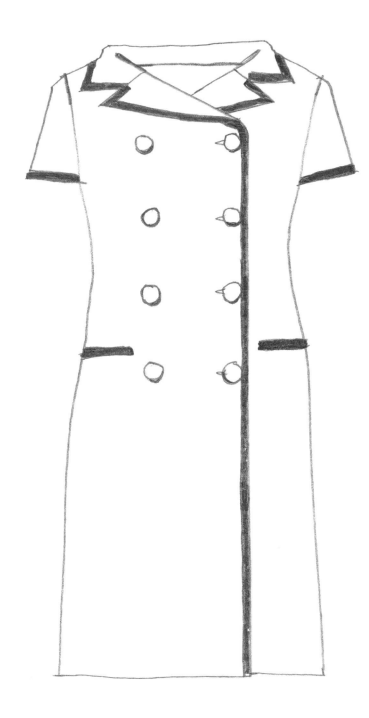

Retro dress, thick short-sleeved coat
Retro-Mantelkleid mit kurzen Ärmeln
Robe Rétro, manteau épais à manche courte
Retro jasjurk met korte mouwen

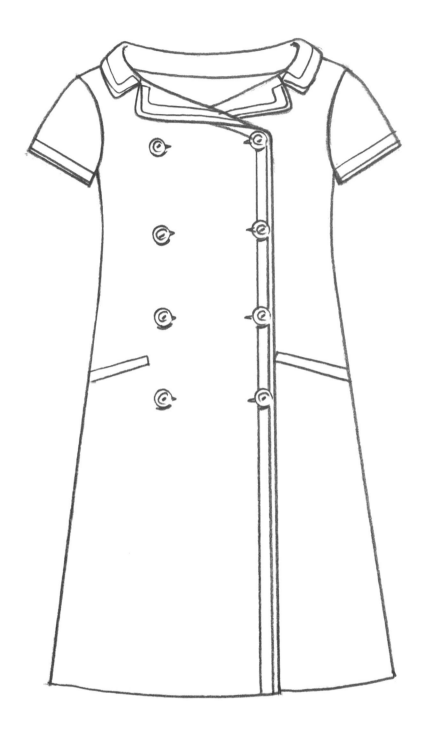

60s coat dress
Mantelkleid im 60er-Jahre-Stil
Robe manteau années 60
Jasjurk jaren 60

Debutante dress
Debütantinnenkleid
Robe bal des débutantes
Debutantejurk

Ballerina dress
Ballettkleid
Robe danseuse
Ballerinajurk

Sabrina dress
Sabrina-Kleid (Cocktailkleid)
Robe Sabrina
Sabrina-jurk

Pleated waffle knit dress
Strickkleid gaufriert und gerippt
Robe en tricot gaufré et côtelé
Gebreide, gegaufreerde jurk met plooien

Empire-line bow dress
Kleid mit Empireschleife
Robe nœud Empire
Jurk met empiretaille en lint door tunnel

Uniform dress
Kleid im Uniformstil
Robe uniforme
Uniformjurk

Peasant dress
Bauernkleid
Robe paysanne
Jurk in landelijke stijl

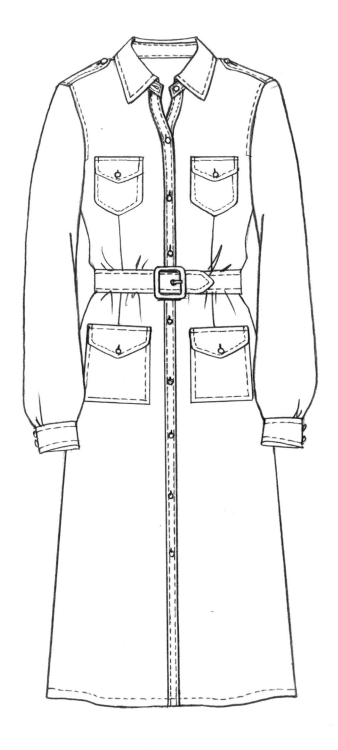

Coat dress
Mantelkleid
Robe manteau
Jasjurk

Polo dress
Polokleid
Robe polo
Polojurk

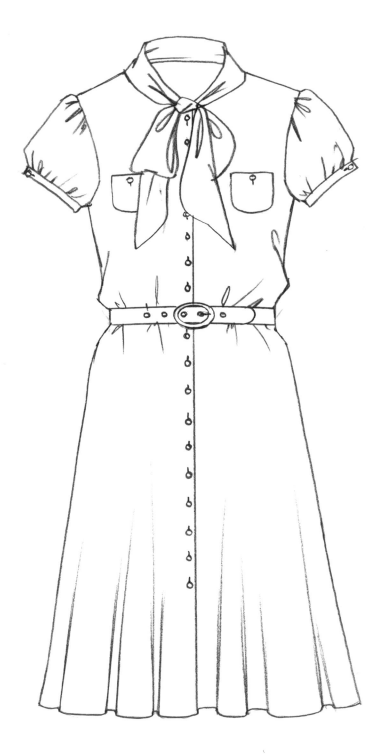

Retro shirt dress
Retro-Hemdblusenkleid
Robe blouse rétro
Retro bloesjurk

Chinese dress
Chinakleid
Robe chinoise
Chinese jurk

50s retro dress
Mantelkleid im 50er-Jahre-Stil
Robe rétro années 50
Retrojurk jaren 50

Djellaba tunic
Djellaba-Kleid
Robe djellaba
Djellaba

Gypsy dress
Gipsy-Kleid
Robe gitane
Gipsyjurk

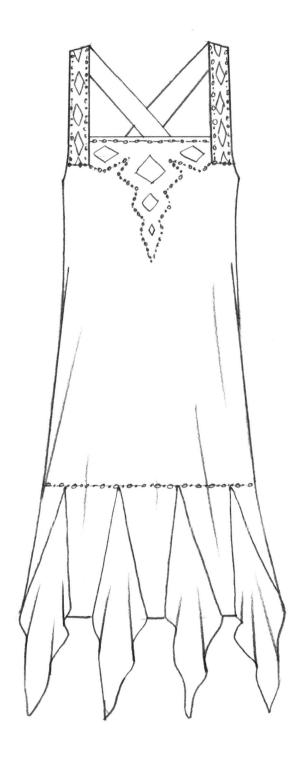

Charleston dress
Charlestonkleid
Robe Charleston
Charlestonjurk

Butterfly dress
Kleid mit Schmetterlingsärmeln
Robe papillon
Vlinderjurk

One-shoulder frill dress
Kleid mit Volants, eine Schulter frei
Robe à volants, une épaule découverte
Strokenjurk met blote schouder

Flapper dress
Retro-Kleid im Stil der 20er Jahre
Robe rétro années 20
Charlestonjurk (jaren-20-stijl)

70s retro dress
Retro-Kleid im 70er-Jahre-Stil
Robe rétro années 70
Retrojurk jaren 70

BISHOP BURTON COLLEGE
LIBRARY

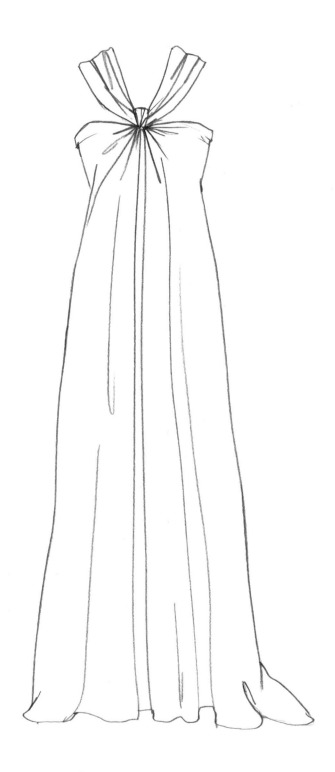

Drape neck evening dress
Abendkleid gerafft
Robe du soir drapée
Gedrapeerde avondjurk

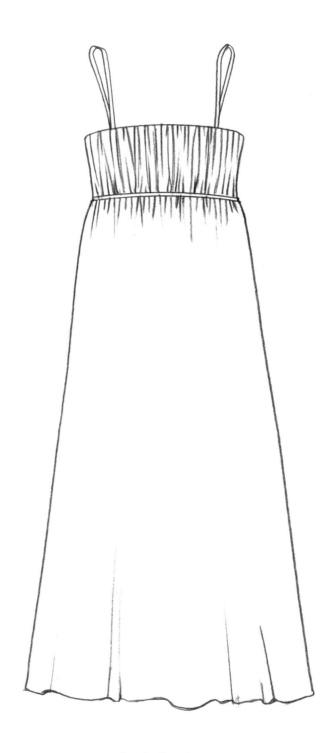

Empire-line dress
Empirekleid
Robe Empire
Jurk met empiretaille

Pants and shorts
Hosen und Shorts
Pantalons et shorts
Broeken en shorts

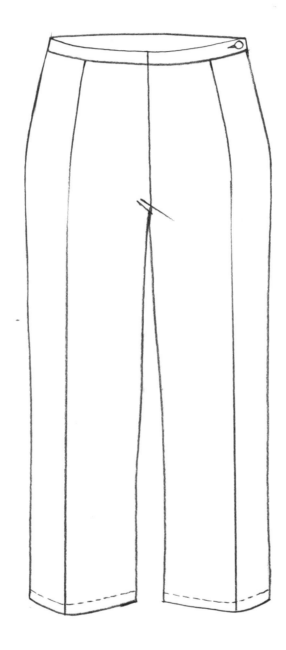

Capri pants
Piratenhose (3/4-Hose)
Corsaire
Capribroek

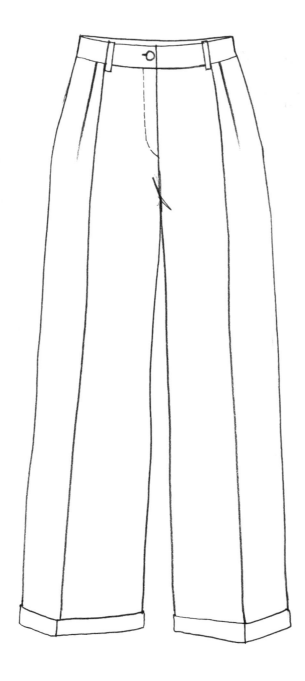

Baggy pants
Marlenehose
Pantalon baggy
Bandplooibroek met wijde pijpen

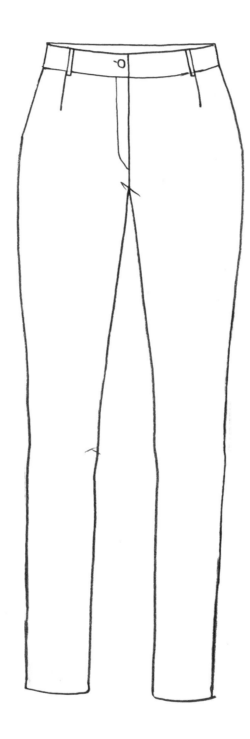

Drainpipe pants
Röhrenhose
Pantalon moulant
Nauwsluitende broek

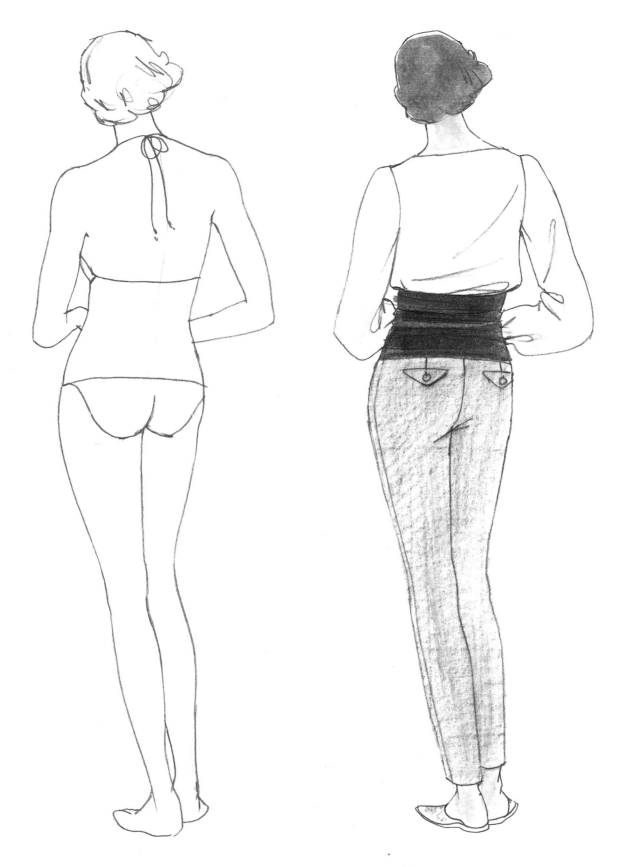

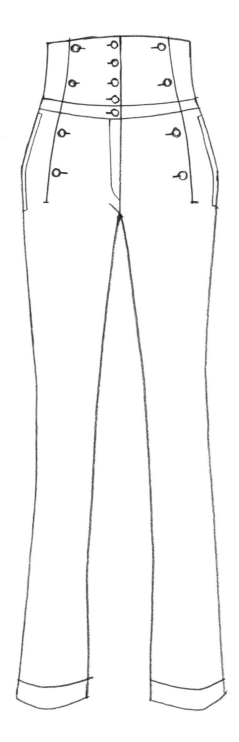

High-waisted pants
Kadettenhose
Pantalon taille haute
Cavaleristenbroek

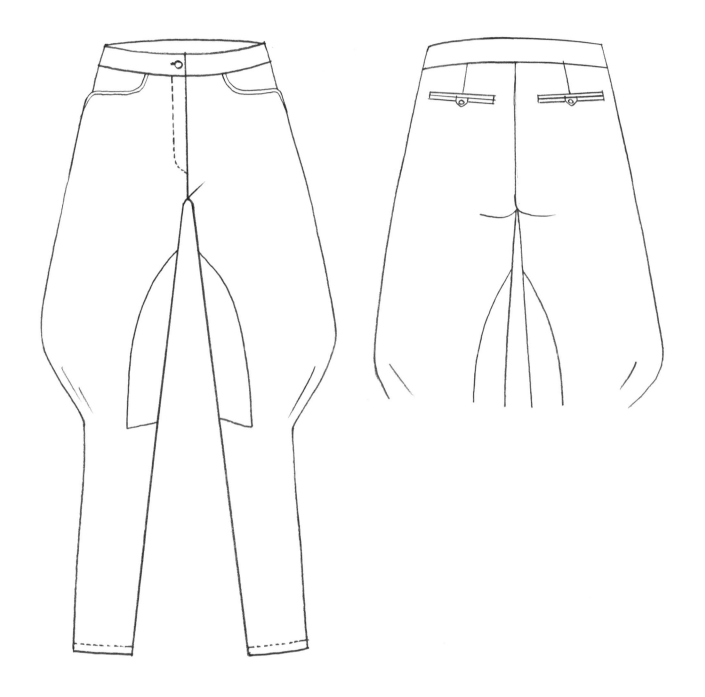

Jodhpurs
Jodhpurhose (eng anliegende Reithose)
Pantalon jodhpurs
Jodhpurs

Retro 30s pants
Retro-Hose im 30er-Jahre-Stil
Pantalon rétro années 30
Retrobroek jaren 30

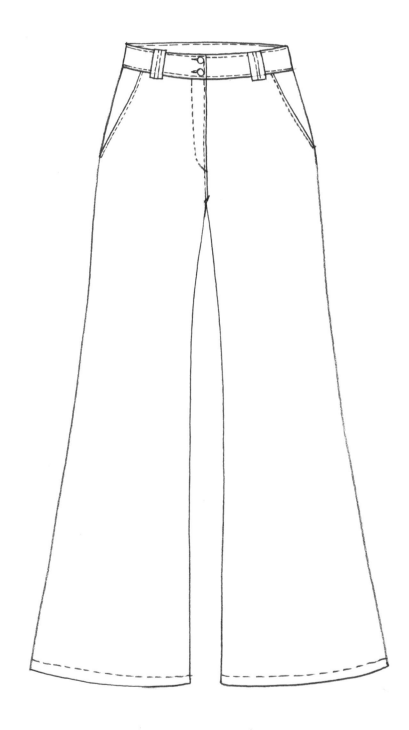

Bell bottom pants
Schlaghose
Pantalon pattes d'éléphant
Broek met wijde pijpen

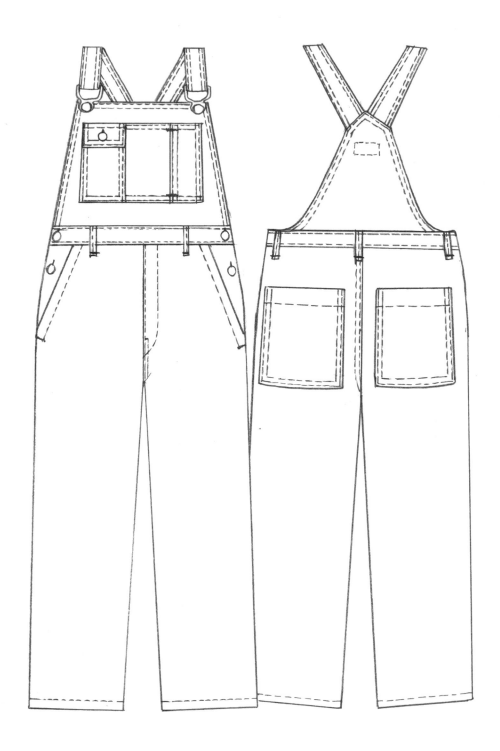

Dungarees
Latzhose
Salopette
Tuinbroek

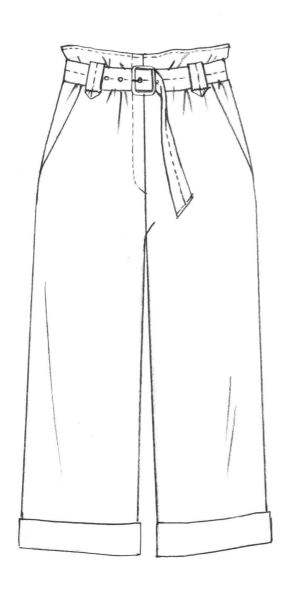

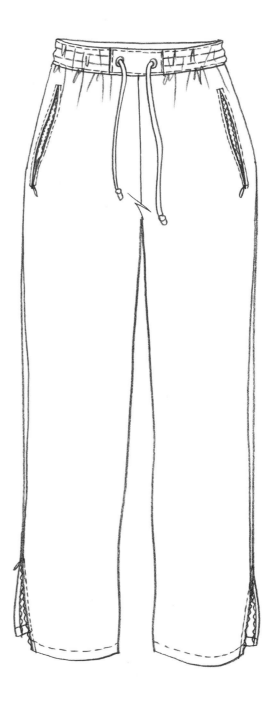

Cropped pants
Fischerhose
Pantalon pêcheur
Vissersbroek

Jogging pants
Jogginghose
Pantalon survêtement
Trainingsbroek

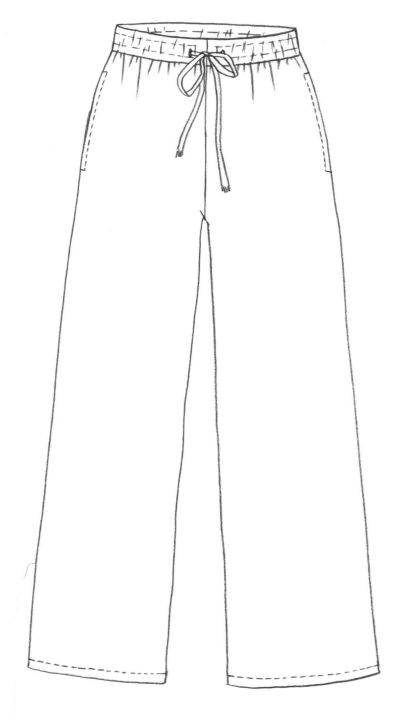

Drawstring pants
Pyjamahose
Pantalon pyjama
Pyjamabroek

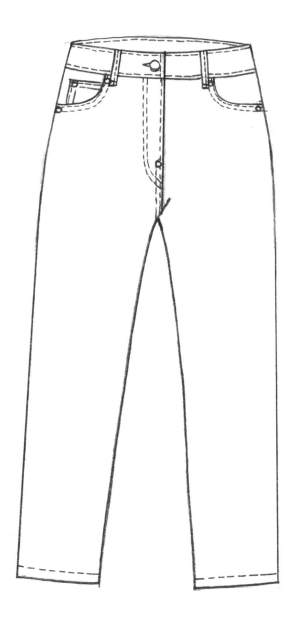

Denim capri pants
Capri-Jeans (3/4-Länge)
Jean corsaire
Capribroek in spijkerstof

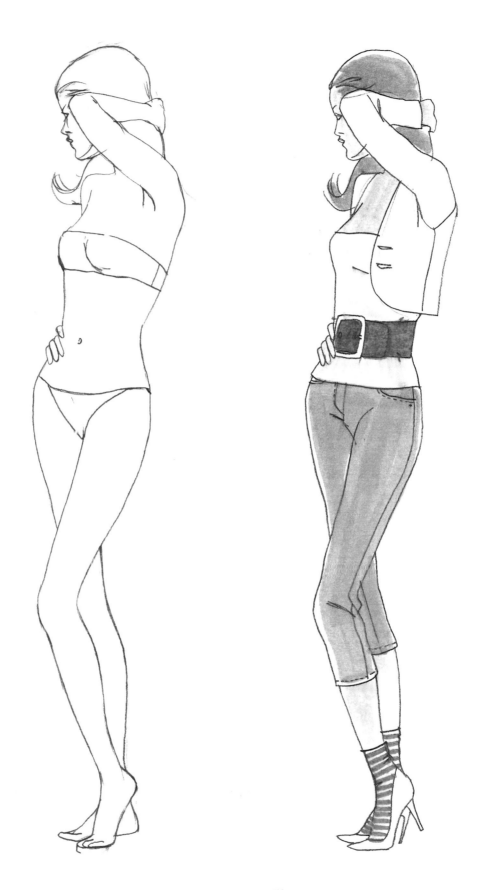

Wide denim pants
Weite Jeans
Jean large
Baggy jeans

Baggy denim pants
Pumphose
Pantalon de golf en jean
Jeans met toelopende pijpen

Cargo pants
Cargo-Hose
Pantalon cargo
Werkbroek

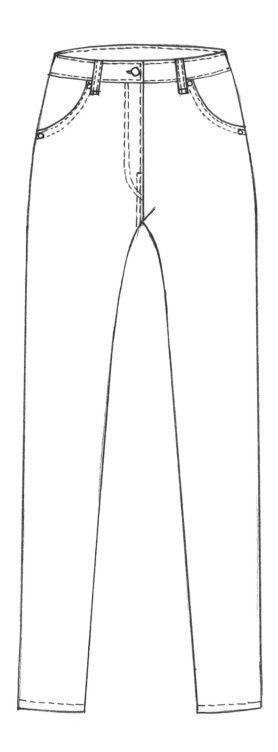

Denim drainpipe pants
Röhrenjeans
Jean slim
Skinny jeans

Close-up of pant top (front and back)
Hochgeschnittene Hose, Details (Vorder- und Hinteransicht)
Détails du haut du pantalon (devant et derrière)
Details bovengedeelte van de broek (voor en achterzijde)

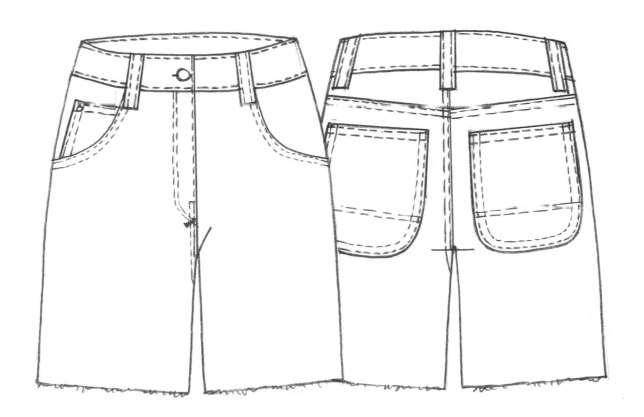

Denim Bermuda shorts
Bermuda-Jeans
Bermudas jean
Bermudashort in jeans

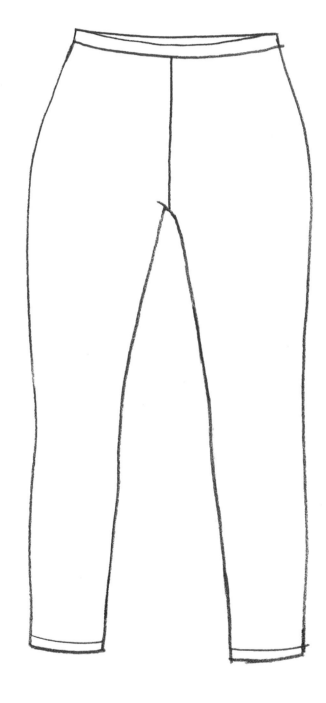

Leggings
Leggings
Leggings
Leggings

Aladdin pants
Pumphose
Pantalon de golf
Pofbroek

80s pants
Hose im 80er-Jahre-Stil
Pantalon années 80
Broek jaren 80

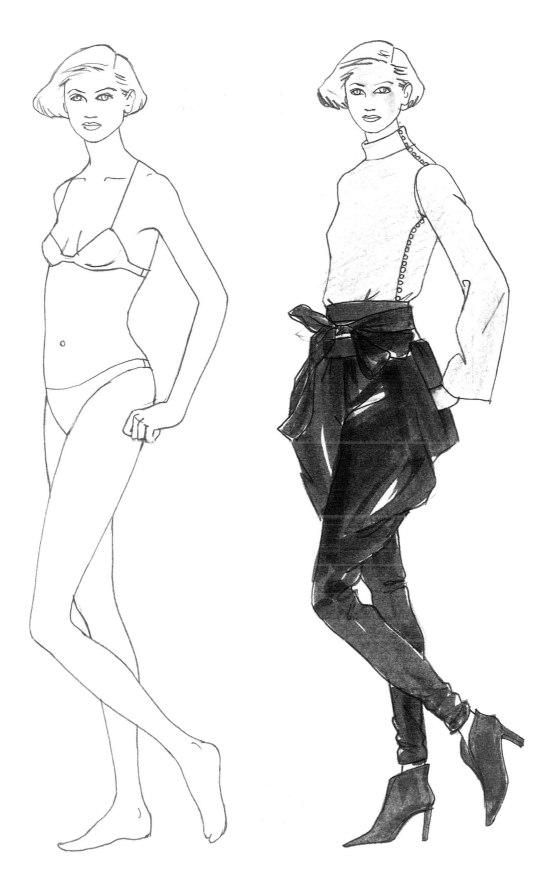

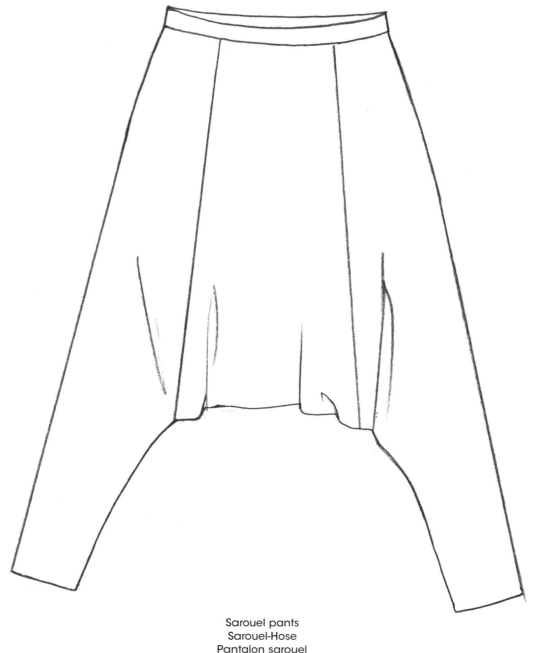

Sarouel pants
Sarouel-Hose
Pantalon sarouel
Sarouel

Pants and shorts/Hosen und Shorts/Pantalons et shorts/Broeken en shorts 269

COLLEGE
LIBRARY

Bermuda shorts
Bermuda-Shorts
Bermuda
Bermudashort

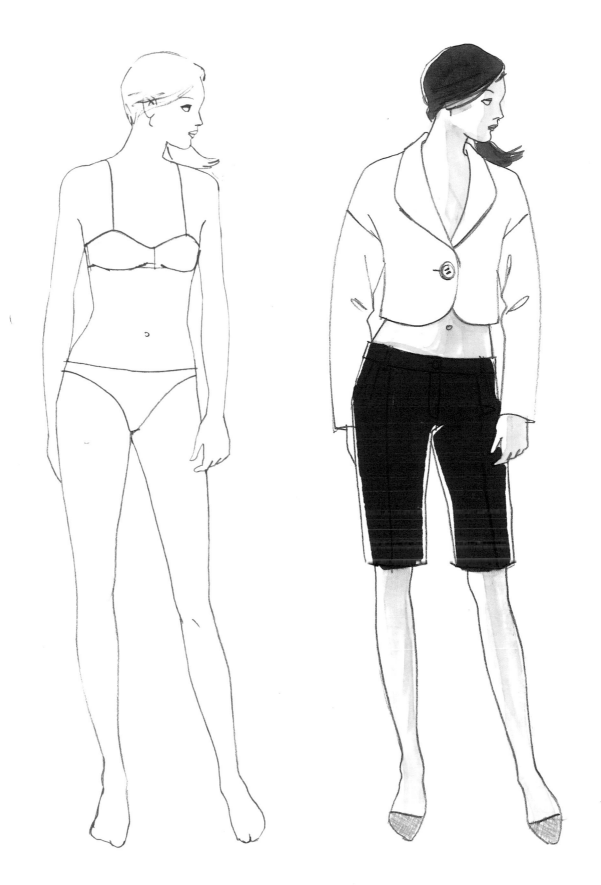

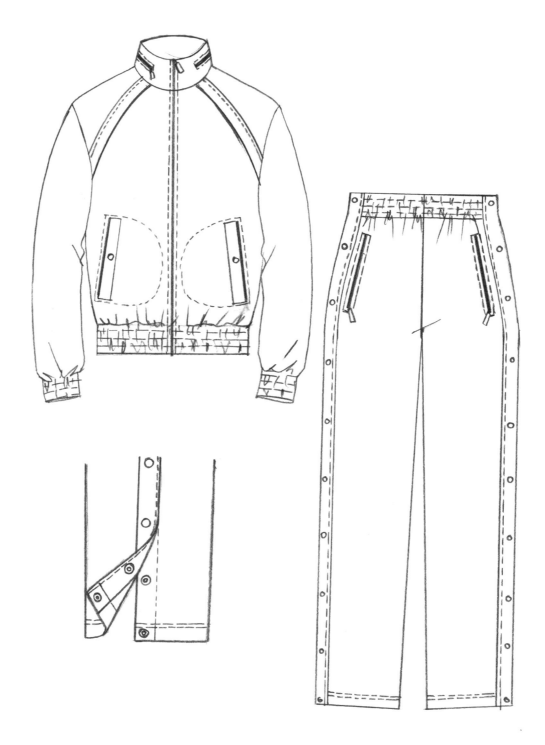

Jogging suit
Trainingsanzug
Survêtement
Trainingspak

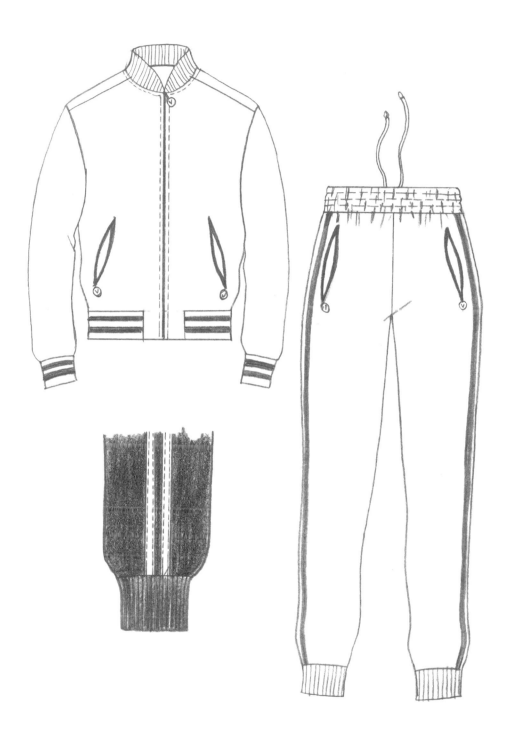

Jogging suit
Trainingsanzug
Survêtement
Trainingspak

Coats
Mäntel
Manteaux
Jassen

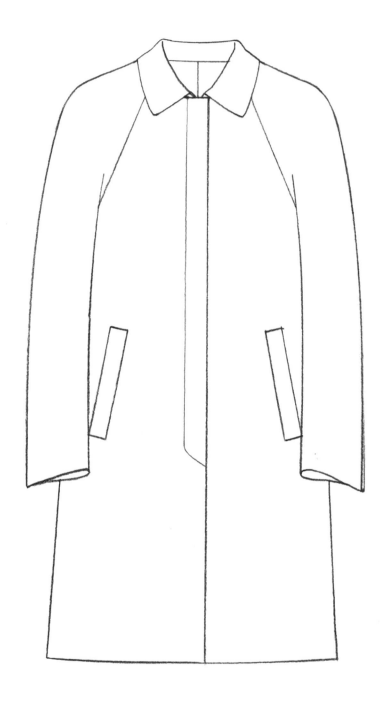

Gabardine
Regenmantel
Imperméable
Regenjas

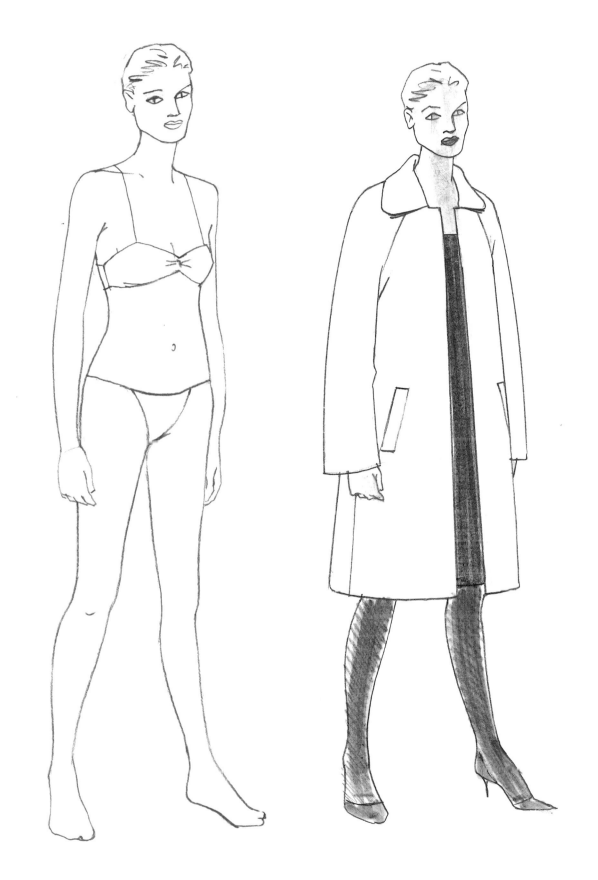

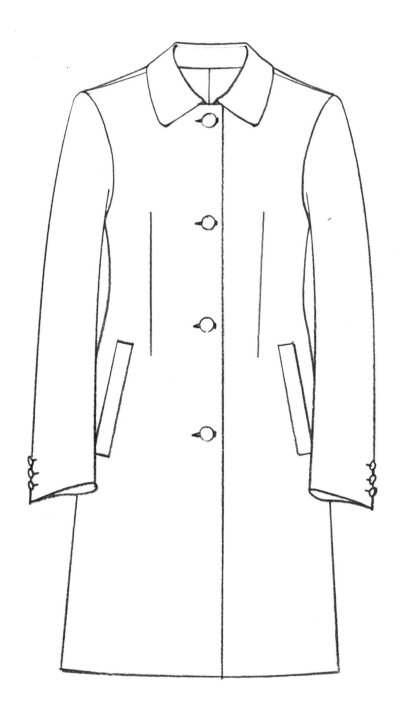

Dress coat
Eleganter Mantel
Manteau habillé
Geklede mantel

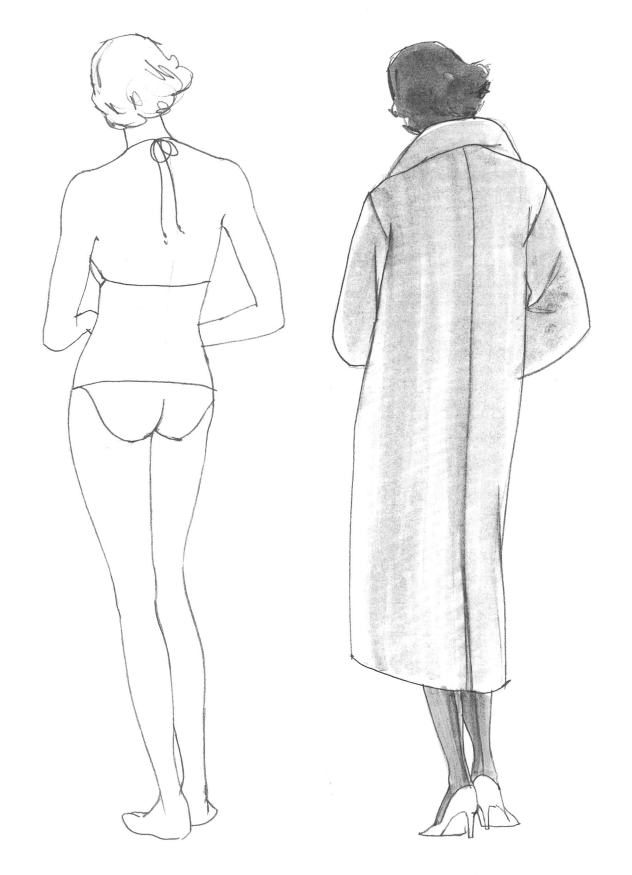

Trench coat (back)
Trenchcoat Rückenansicht
Trench-coat dos
Trenchcoat rugzijde

Classic coat (front)
Klassischer Mantel Vorderansicht
Manteau classique devant
Klassieke mantel voorzijde

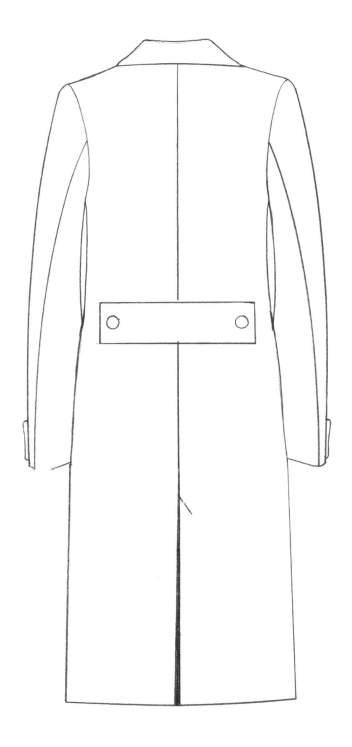

Classic coat (back)
Klassischer Mantel Rückenansicht
Manteau classique dos
Klassieke mantel rugzijde

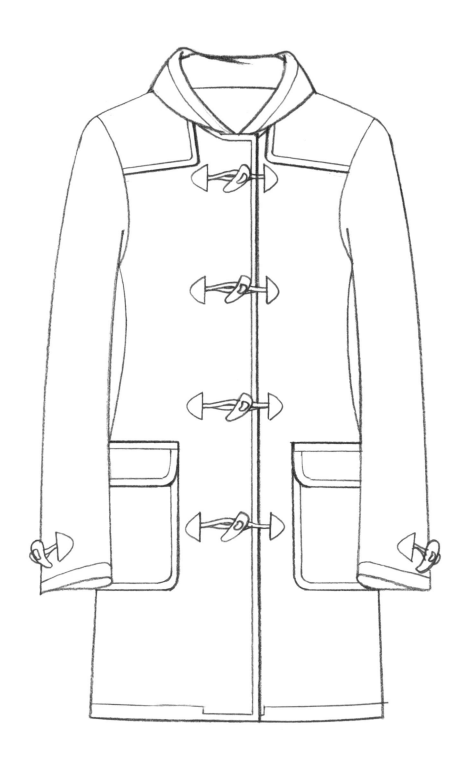

Duffle coat (front)
Dufflecoat Vorderansicht
Duffel-coat devant
Houtje-touwtjejas voorzijde

Duffle coat (back)
Dufflecoat Rückenansicht
Duffel-coat dos
Houtje-touwtjejas rugzijde

Bubble coat
Mantel in Ballonlinie
Manteau coupe ballon
Ballonjas

Sailor's jacket
Matrosenjacke
Caban
Matrozenjas

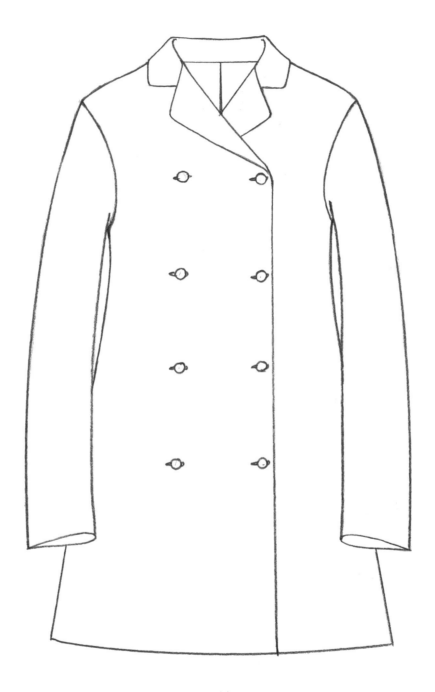

A-line coat
Mantel in A-Linie
Manteau coupe en « A »
A-lijn jas

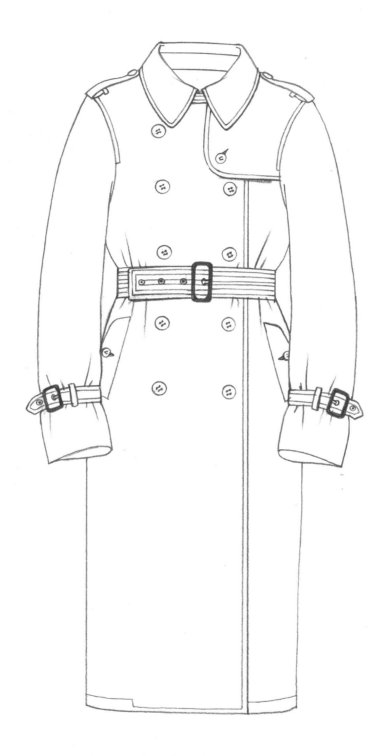

Trench coat (front)
Trenchcoat Vorderansicht
Trench-coat devant
Trenchcoat voorzijde

Cape
Cape
Pèlerine
Cape

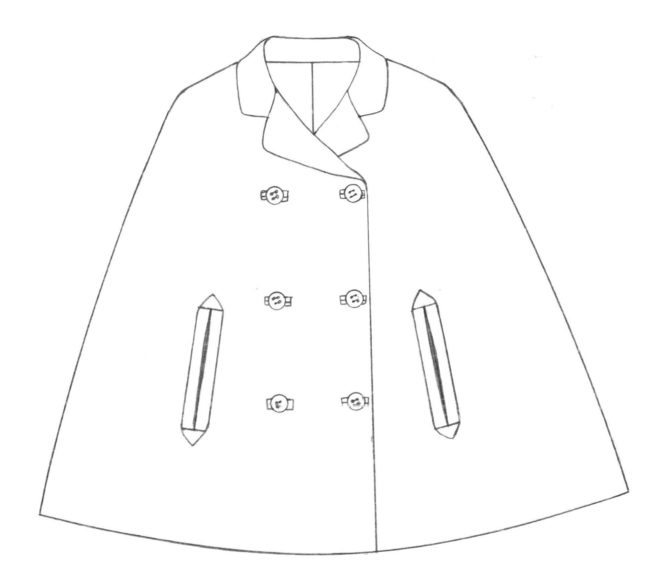

Double-breasted cape
Zweireihiges Cape
Pèlerine croisée
Cape met dubbele knoopsluiting

Jacket
Kasack
Redingote
Sterk getailleerde, uitlopende damesjas

Jacket (side view)
Kasack Seitenansicht
Redingote profil
Kazak in profiel

Tail coat
Frack
Habit queue-de-pie
Rokjas

Light overcoat (front)
Mantel ohne Knöpfe Vorderansicht
Manteau ceinturé devant
Lichte overjas voorzijde

Light overcoat (back)
Mantel ohne Knöpfe Rückenansicht
Manteau ceinturé dos
Lichte overjas rugzijde

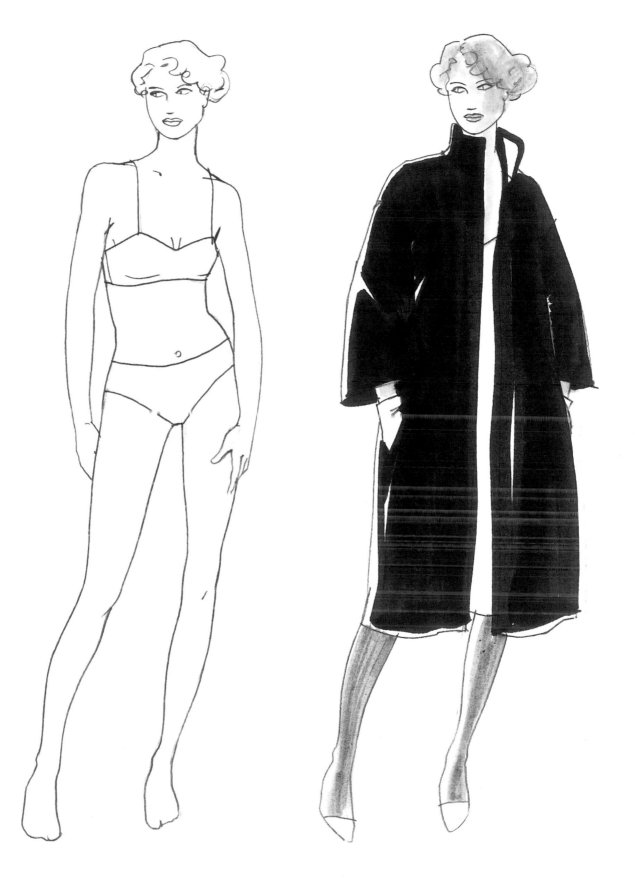

Parka with quilted lining
Doppel-Parka
Parka double
Dubbele parka

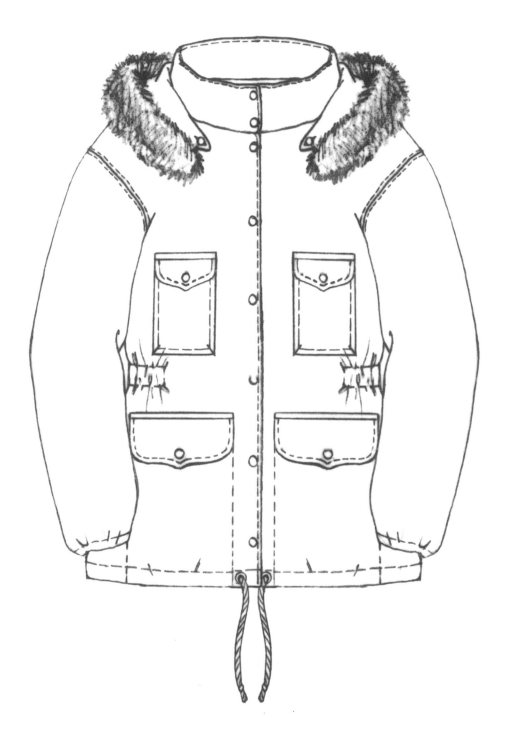

Canadian parka
Kanada-Parka
Parka canadienne
Canadese parka

Barbour padded jacket
Barbour-Steppjacke
Barbour matelassé
Gewatteerde jagersjas

Barbour wax jacket
Barbour-Jacke
Barbour
Waxjas

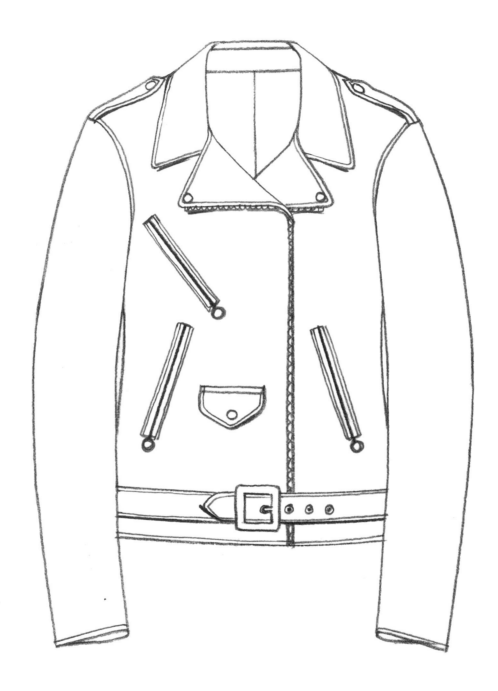

The perfect jacket (front)
Bikerjacke Vorderansicht
Perfecto devant
Stoer leren jack (voorzijde)

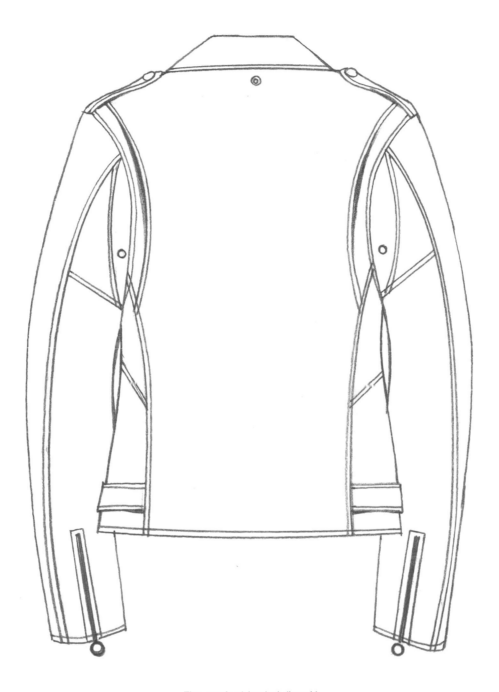

The perfect jacket (back)
Bikerjacke Rückenansicht
Perfecto dos
Stoer leren jack (rugzijde)

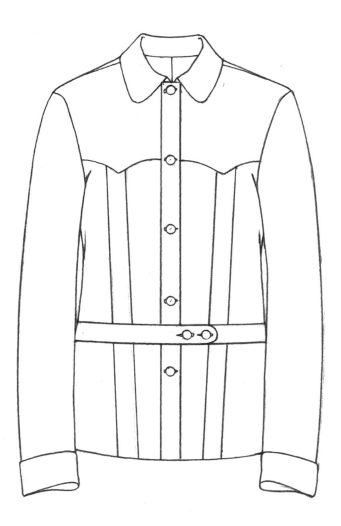

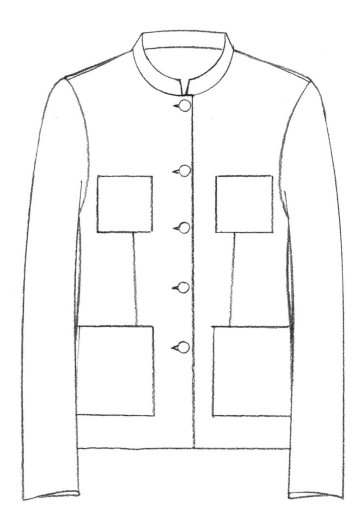

Hunting jacket
Jägerjacke
Veste chasse
Jagersjasje

Mao jacket
Mao-Jacke
Veste Mao
Maojasje

Aviator jacket
Fliegerjacke
Blouson aviateur
Vliegeniersjack

Military jacket
Military-Jacke
Blouson militaire
Militair jack

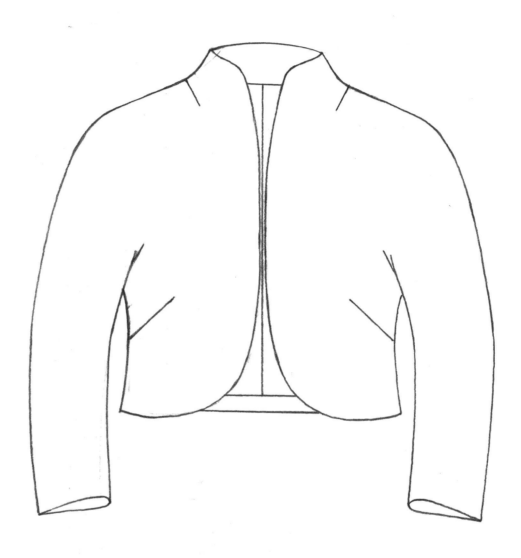

Bolero jacket with Japanese sleeves
Bolero-Jacke mit Ärmeln im japanischen Stil
Veste boléro manche kimono
Bolero met wijde mouwen

Accessories
Accessoires
Accessoires
Accessoires

Two part sandal. Jewel trim
Schuh, an den Seiten offen. Zierschmuck
Escarpin ouvert sur les côtés orné d'un bijou
Langs beide kanten open schoen. Juweel als versiering

Sandal with gem trim
Sandale mit Schmucksteinen
Escarpin orné de pierreries
Sandaal met edelstenen

Sequined shoe with tulle flower
Schuh mit Flitter und Tüllblume
Escarpin à paillettes et fleur en tulle
Schoen met paillettes en een tule bloem

Views of the shoe from different angles
Ansichten des Schuhs aus verschiedenen Perspektiven
Vues de l'escarpin sous différents angles
Afbeelding van de schoen vanuit verschillende hoeken

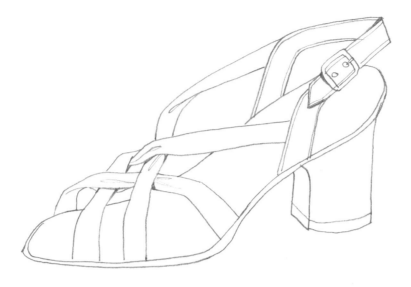

70s sandal
70er-Jahre-Sandale
Sandale années 70
Sandaal in jaren-70-stijl

Evening sandal
Abendsandale
Sandale de soirée
Avondsandaal

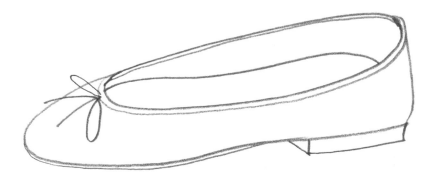

Ballet pump
Ballerina
Ballerine
Ballerina

Platform sandal
Plateau-Sandale
Sandale à semelle compensée
Plateausandaal

Court shoe
Pumps
Escarpin cocktail
Pump

Two-tone mule
Zweifarbiger Mule
Escarpin bicolore mule
Tweekleurig muiltje

Retro perforated court shoe
Retro-Pumps perforiert
Escarpin cocktail rétro ajouré
Retropump met gaatjes

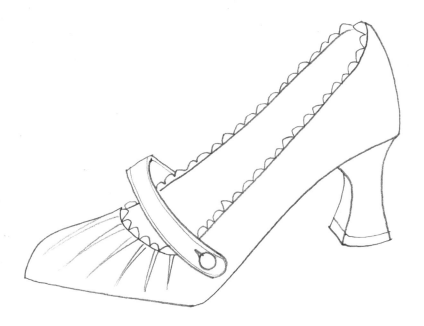

Retro shoe with ruche detail and bar
Retro-Schuh gerafft, mit Riemen
Chaussure rétro à lanière et fronces
Gefronste retroschoen met bandje

Platform shoe
Topolino-Schuh
Espadrille à talon compensé
Sleehak

70s high heel sandal
70er-Jahre-Sandale mit hohem Absatz
Sandale à talon haut années 70
Sandaal met hoge hak in jaren-70-stijl

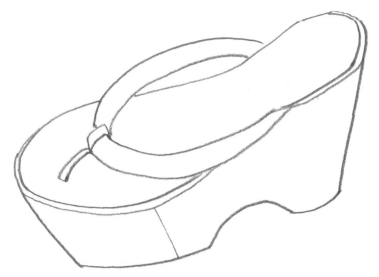

New look Japanese clog
Modern interpretierter japanischer Holzschuh
Sandale japonaise actualisée
Vernieuwde Japanse klompschoen

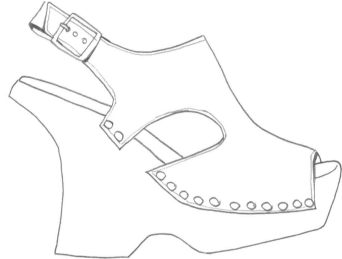

70s clog
70er-Jahre-Clog
Sabot années 70
Klomp in jaren-70-stijl

Clog
Clog
Sabot
Zweedse klomp

Sports shoes with and without Velcro fastening
Turnschuh mit und ohne Klettverschluss
Chaussure de sport avec et sans Velcro
Sportschoen met en zonder klittenband

Basketball shoe
Basketballstiefel
Tennis
Basketbalschoen

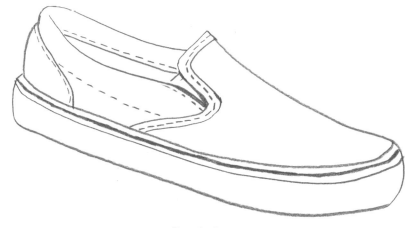

Beach shoe
Sommerschuhe mit Gummisohle
Sans gêne
Bootschoen

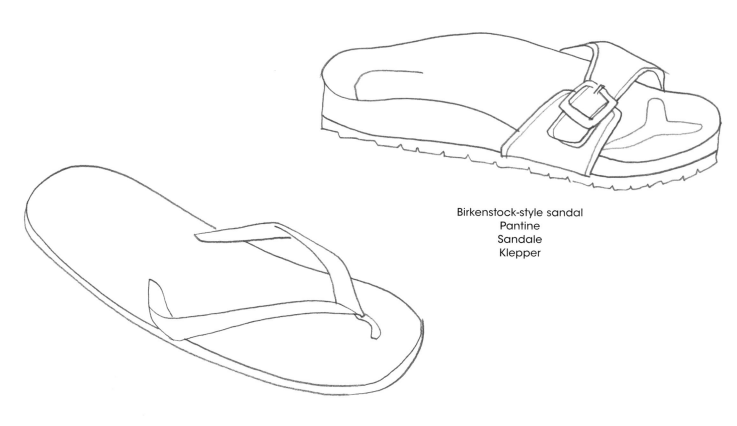

Birkenstock-style sandal
Pantine
Sandale
Klepper

thong sandal
Zehensandale
Tong
Slipper

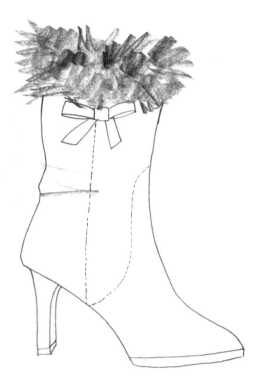

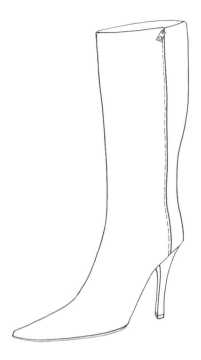

Knee-high fitted boot
Stiefel mit schmalem Schaft
Botte à tige étroite
Nauwsluitende kniehoge laars

Ankle boot with fur trim
Stiefelette
Bottine avec cuir
Bottine met bont

Cowboy boot
Cowboy-Stiefel
Botte de cow-boy
Cowboylaars

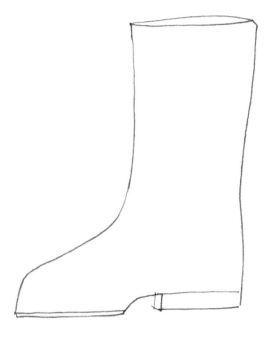

Wellington boot
Regenstiefel
Botte en caoutchouc
Regenlaars

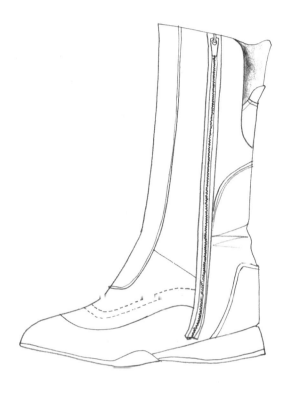

Calf-length boot
Stiefel mit kurzem Schaft
Botte à tige courte
Halthoge laars

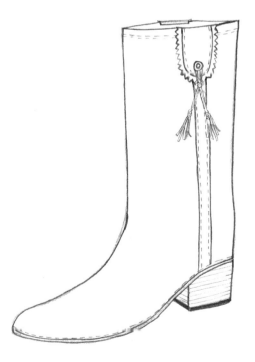

Country boot
Rustikaler Stiefel
Botte d'équitation
Paardrijlaars

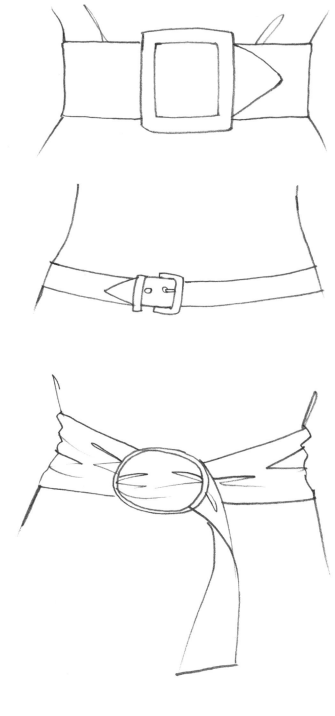

Belts
Gürtel
Ceintures
Ceinturen

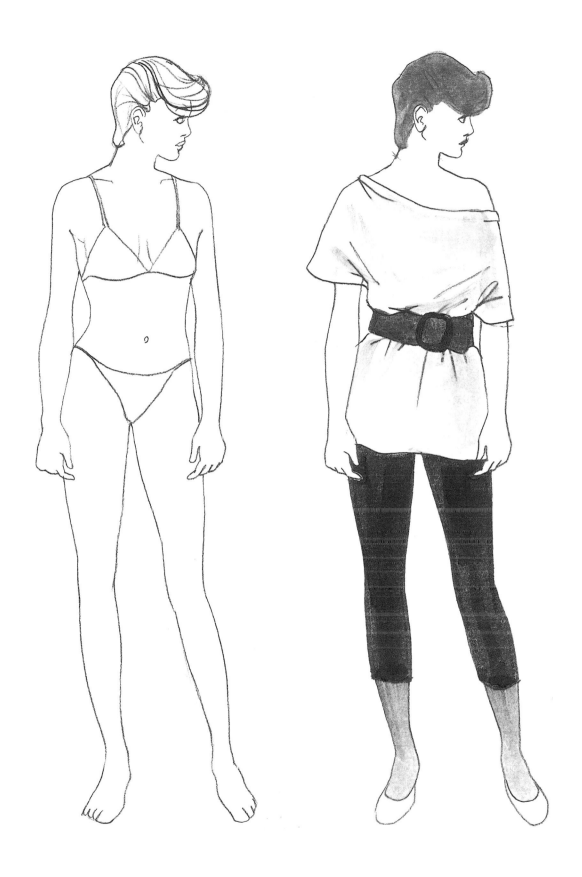

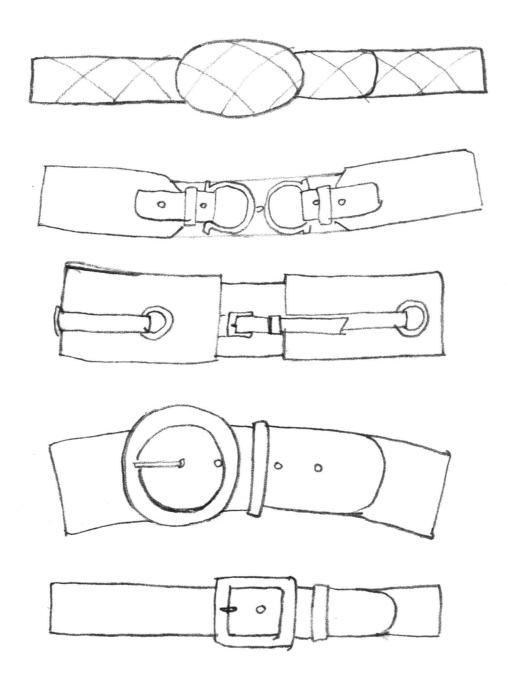

Base belt models
Gürtelformen
Bases ceintures
Basismodellen ceinturen

Brooches
Broschen
Broches
Broches

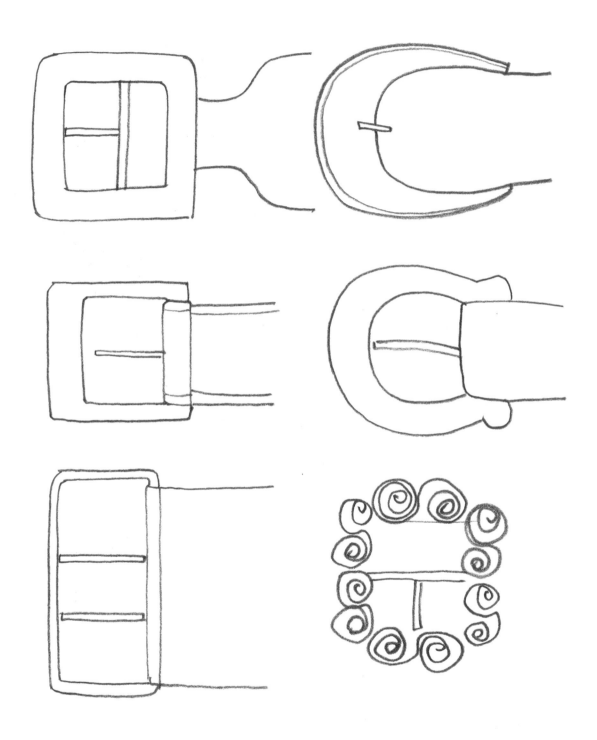

Belt buckles
Gürtelschnallen
Boucles de ceinture
Gespen voor ceinturen

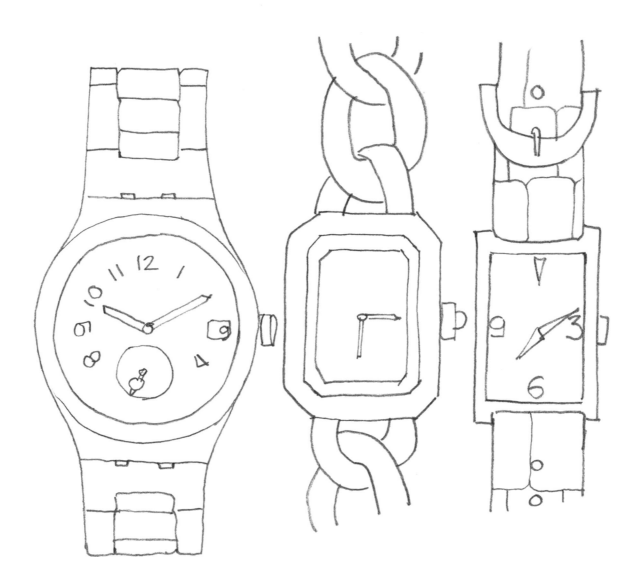

Base metal	Chain	Leather
Metall	Kette	Leder
Métallique	Chaîne	Cuir
Metalen	Schakel-	Leren

Watch models
Uhr-Armbänder
Bases montres
Horlogebandjes

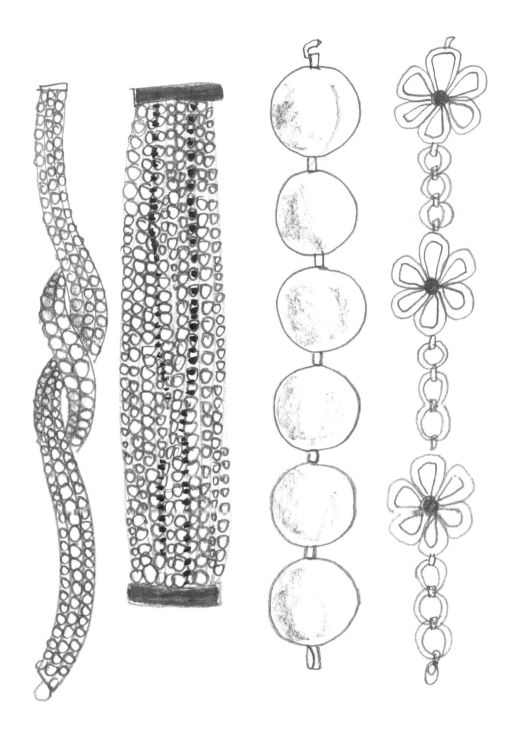

Various bracelets
Verschiedene Armbänder
Choix de bracelets
Verscheidene armbanden

Necklaces and pendants
Halsketten und Anhänger
Colliers et pendentif
Halskettingen en hanger

Base ring models
Grundformen für Ringe
Bases bagues
Basismodellen voor ringen

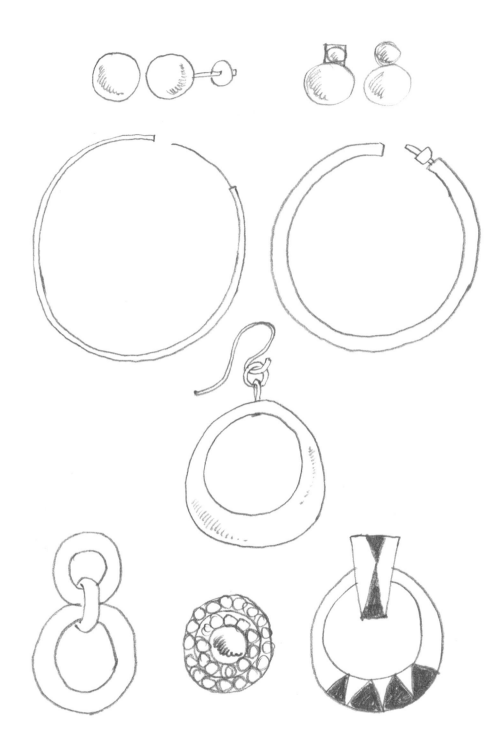

Hoop and rounded earrings
Ohrhänger Ringform und abgerundete Formen
Boucles d'oreille créoles et de formes arrondies
Ooringen en ronde oorbellen

Various earrings
Verschiedene Ohrringe
Choix de boucles d'oreille
Verscheidene oorbellen

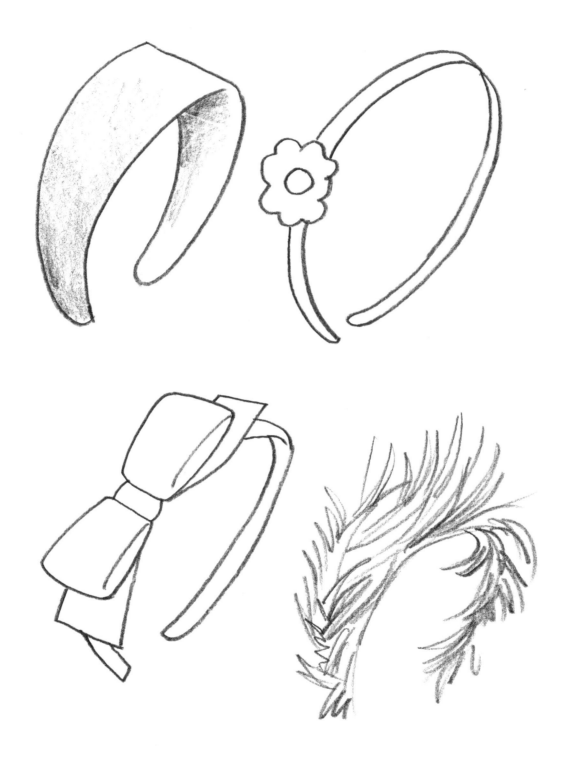

Hair bands
Haarreifen
Serre-têtes
Haarbanden

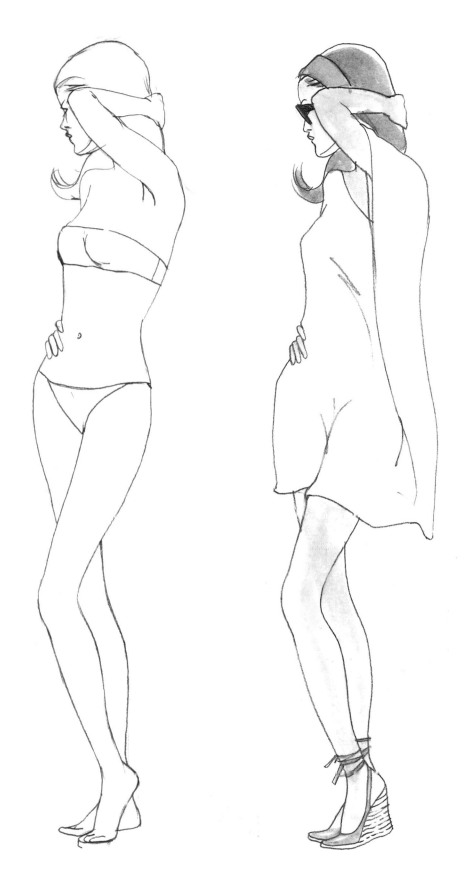

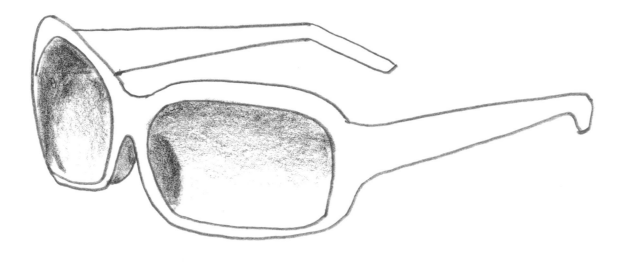

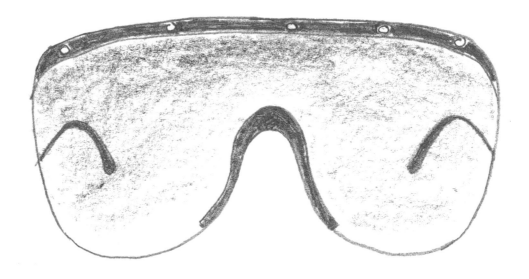

Base sunglasses models
Grundformen für Sonnenbrillen
Bases lunettes de soleil
Basismodellen zonnebrillen

Sunglasses
Sonnenbrillen
Lunettes de soleil
Zonnebrillen

Sunglasses
Sonnenbrillen
Lunettes de soleil
Zonnebrillen

Open and 2-fold umbrellas
Offene Regenschirme und Taschenschirme
Parapluies ouverts et pliables
Open paraplu's en vouwparaplu's

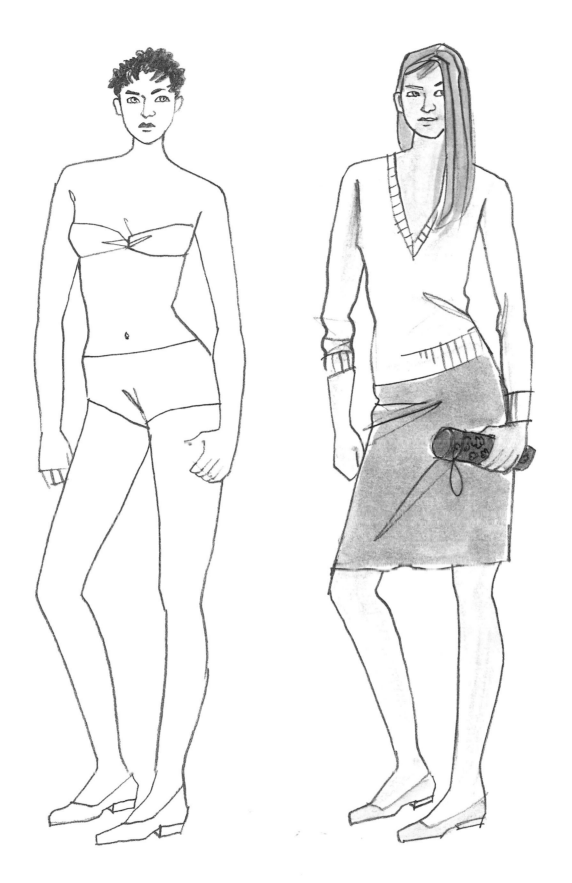

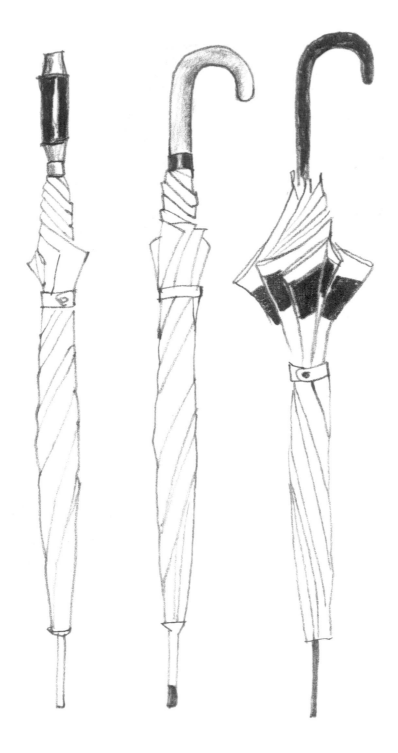

Closed straight umbrellas
Zusammengeklappte Regenschirme
Parapluies fermés
Gesloten paraplu's

Earmuffs
Ohrenschützer
Cache-oreilles
Oorbeschermers

Headscarves (front and side)
Kopftücher Front- und Seitenansicht
Foulards de face et de profil
Hoofddoeken, vooraanzicht en profiel

70s cap
70er-Jahre-Schirmmütze
Casquette années 70
Pet in jaren-70-stijl

Newsboy cap
Garçon-Mütze
Casquette garçon
Pet in garçonnestijl

Hat with headscarf
Hut mit Tuch
Chapeau avec foulard
Hoed met hoofddoek

High crown hat
Hut mit hohem Schaft
Chapeau haut de forme
Hoge hoed

Knitted hat
Strickmütze
Bonnet de laine
Wollen muts

Beret
Baskenmütze
Béret
Baret

Basic cap
Basic-Schirmmütze
Casquette basique
Basismuts

Men's Trilby
Herrenhut
Chapeau homme
Herenhoed

Wide brimmed hat
Florentiner
Capeline
Breedgerande dameshoed

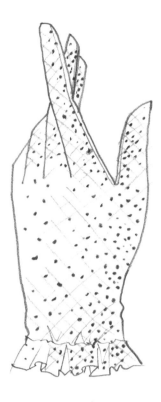

Knitted glove
Handschuh aus Spitze
Gant en dentelle
Kanten handschoen

Two-tone glove
Zweifarbiger Handschuh
Gant bicolore
Tweekleurige handschoen

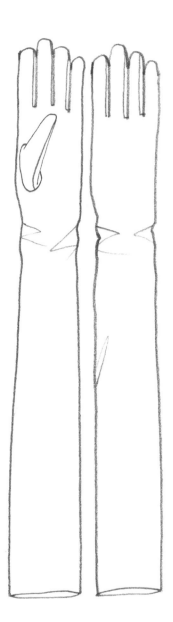

Long glove
Langarm-Handschuhe
Gants longs
Lange handschoenen

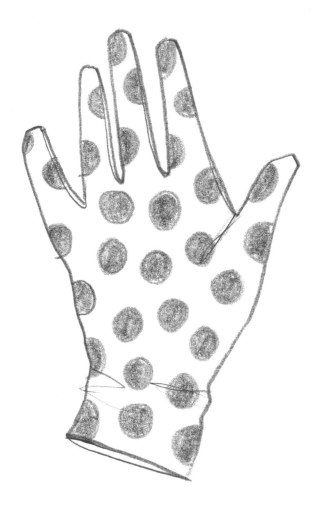

Patterned knitted glove
Strickhandschuh mit Muster
Gant en laine imprimé
Bedrukte wollen handschoen

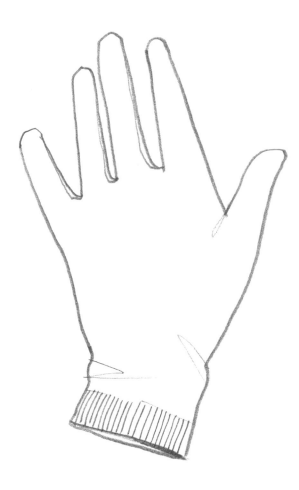

Plain stitch knit glove
Einfarbiger Strickhandschuh
Gant en laine uni
Effen wollen handschoen

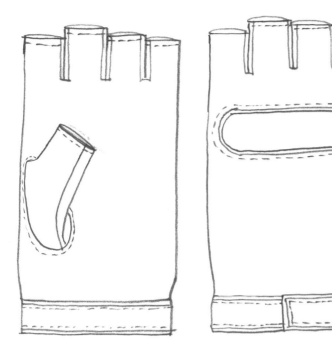

Fingerless glove
Fingerlose Handschuhe
Mitaines
Handschoenen zonder vingers

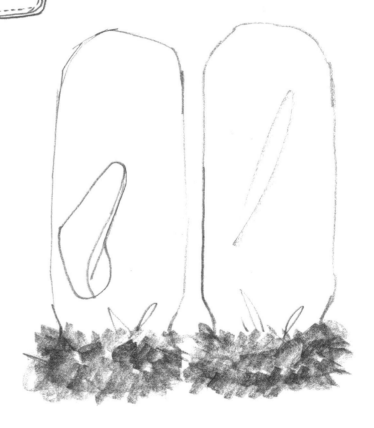

Mitten
Fäustlinge
Moufles
Wanten

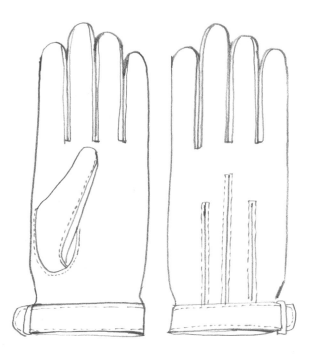

Classic glove
Klassische Handschuhe
Gants classiques
Klassieke handschoenen

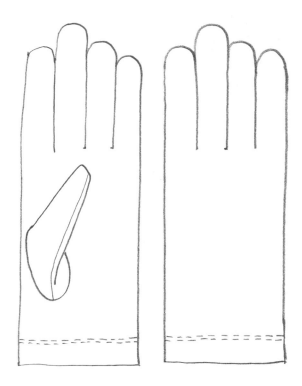

Classic leather glove
Klassische Lederhandschuhe
Gants en cuir classiques
Klassieke leren handschoenen

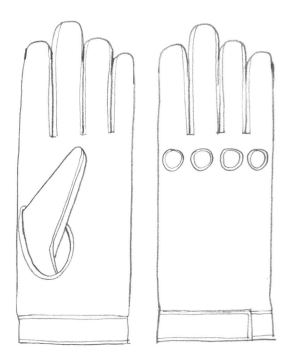

Glove with Velcro fastener and knuckle vents
Handschuhe, perforiert mit Klettverschluss
Gants avec velcro perforés
Handschoenen met gaatjes en klittenband

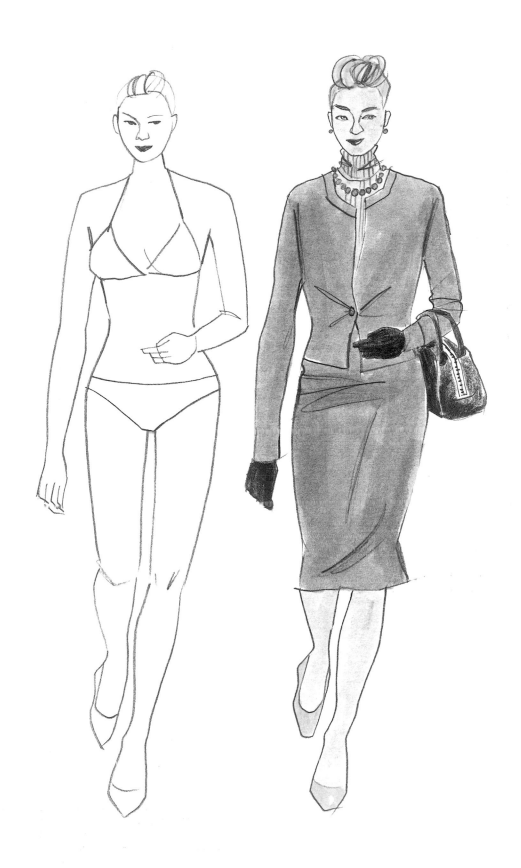

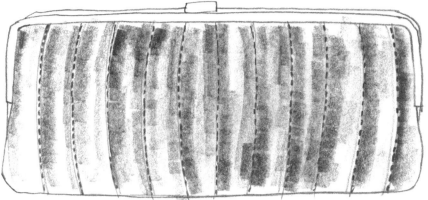

Padded clutch purse
Gepolsterte Handtasche
Sac à main matelassé
Gewatteerde portemonnee

Bag with gem trim and feathers
Handtasche mit Schmucksteinen und Federn
Sac en pierreries avec plumes
Handtas met edelstenen en veren

BISHOP BURTON COLLEGE
LIBRARY

Retro purse
Retro-Handtasche
Sac rétro
Retrohandtas

Small purse with giant clasp
Kleine Handtasche mit Riesenschnalle
Petit sac avec boucle géante
Kleine handtas met grote gesp

Purse with front pocket detail
Tasche mit kleiner Vordertasche
Sac avec poche sur le devant
Tas met zakje vooraan

Classic purse
Klassische Handtasche
Sac classique
Klassieke handtas

Nylon purse
Nylontasche
Sac en nylon
Nylontas

Travel purse with zipped pockets
Reisetasche mit mehreren Reißverschlüssen
Sac de voyage à multiples fermetures éclair
Reistas met meerdere ritsen

Rigid handle chunky knit purse
Grob gestrickte Tasche mit festen Henkeln
Sac en tricot épais avec anse rigide
Grof gebreide tas met hard handvat

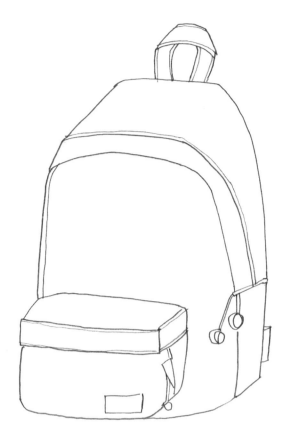

Hard backpack
Hartschalen-Rucksack
Sac à dos rigide
Harde rugzak

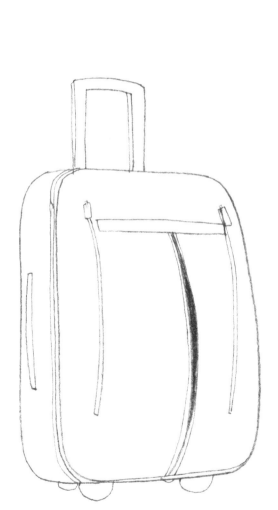

Suitcase on wheels
Rollenkoffer
Valises avec roues
Koffer met wielen

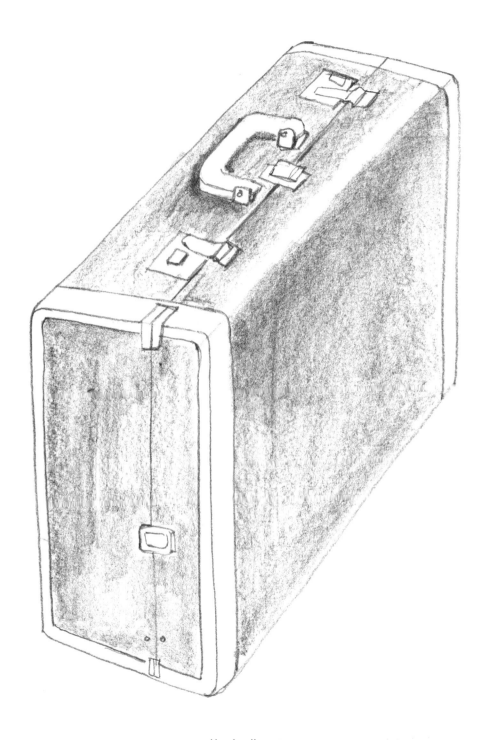

Hard suitcase
Hartschalen-Reisekoffer
Valise rigide
Harde reiskoffer

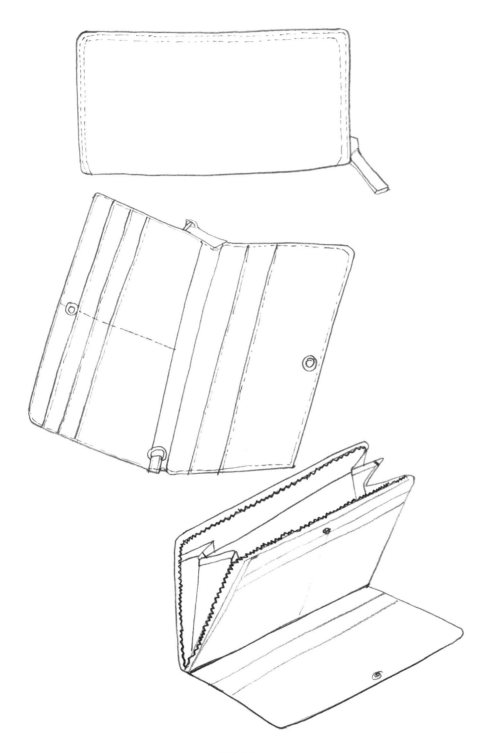

Billfold
Brieftasche
Portefeuille
Portefeuille

Patterned change purse
Bedruckter Geldbeutel
Porte-monnaie imprimé
Bedrukte portemonnee

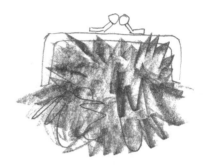

Faux fur change purse
Geldbeutel mit Fell
Porte-monnaie en poils
Harige portemonnee

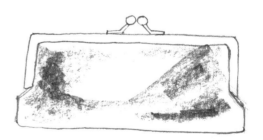

Shiny long change purse
Glänzender länglicher Geldbeutel
Porte-monnaie brillant et allongé
Glanzende en langwerpige portemonnee

Patterns
Muster
Imprimés
Dessins

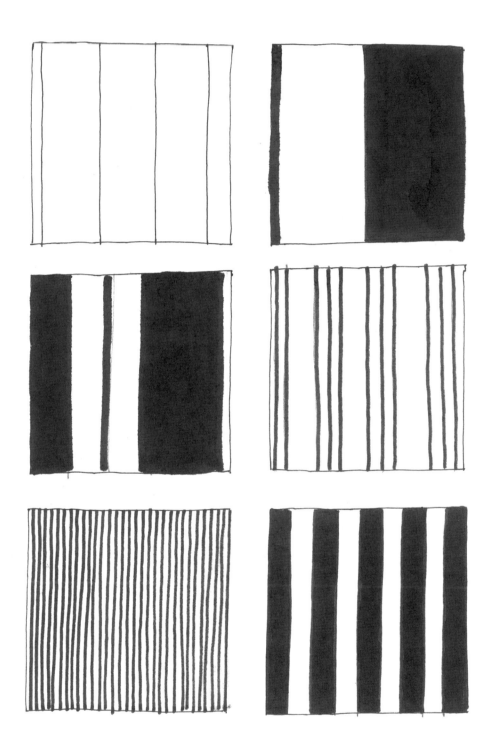

Stripes
Streifen
Rayures
Strepen

African pattern
Afrikanisch
Africain
Afrikaans

Mackintosh plaid
Macintosh
Mackintosh
Mackintosh

Tie-dye
Plangi (Bindebatik)
Tye and dye (Plangui)
Tie and die (knoopverven)

Marimekko
Marimekko
Marimekko
Marimekko

Chinese patterns
Chinesische Muster
Chinois
Chinese motieven

Art Nouveau
Art Nouveau
Art Nouveau
Art nouveau

60s flower patterns
Blumenmuster im 60er-Jahre-Stil
Fleurs années 60
Bloemen jaren 60

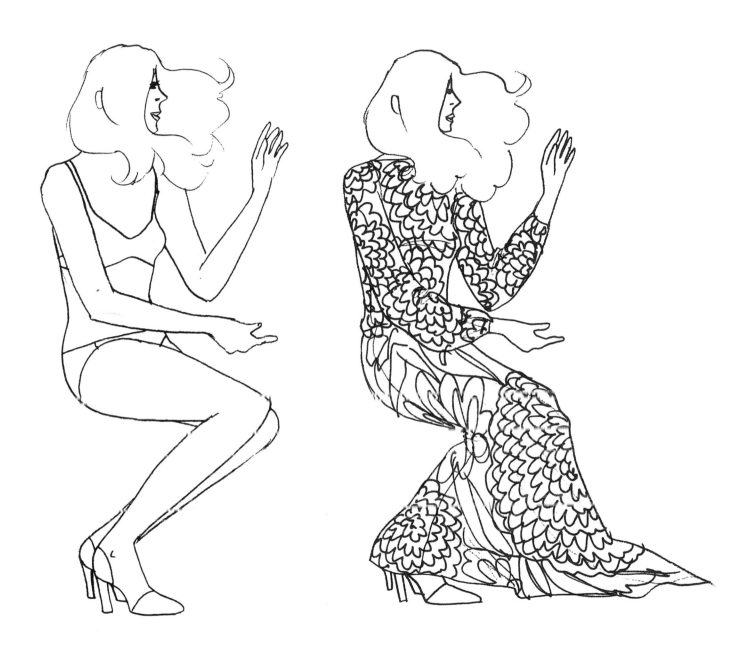

Hawaiian motifs
Hawaiianische Motive
Motifs hawaïens
Hawaïaanse motieven

Russian patterns
Russische Muster
Russes
Russische motieven

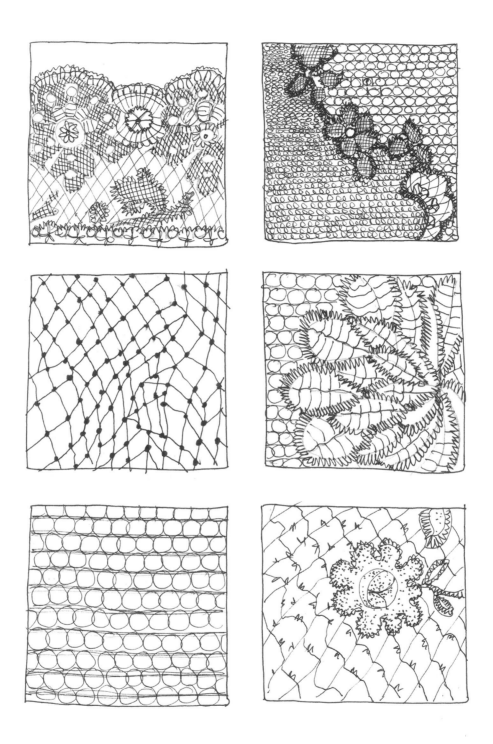

Lace edging and lace
Spitzen
Dentelles
Kantwerk

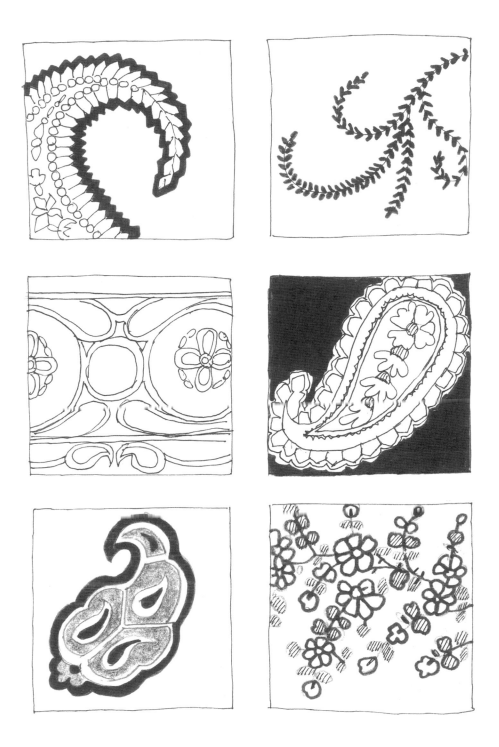

Paisley
Paisley
Paisley
Paisley

Indian patterns
Indio-Muster
Indiens
Indiase motieven

Tie-dye
Plangi (Bindebatik)
Plangui
Plangi (knoopverven)

Ikat
Ikat
Ikat
Ikatmotieven